창의력을 키우는

전래놀이 따라하기

김경숙, 우현미, 추연래 지음

| 책을 펴내며

김경숙
㈜늘푸른문화나무 대표이사

문화예술 교육강사 30년이 넘는 풍부한 경험과 경력을 가지고 교육 대상의 눈높이에 맞춘 창의적인 교육 프로그램을 개발하고 있습니다.

특히 창의 전래놀이와 극을 접목한 놀이에 관심이 많아 오랜 시간 연구하였습니다.

교육을 하면서 만난 많은 어린이들은 창의적인 놀이와 극놀이에 영감을 주었고 그 영감을 통해 다양한 극을 제작하기도 했습니다.

오랜 시간 전해져 온 전래놀이는 어린이들이 직접 참여하면서 바른 인성을 갖고 성장 할 수 있도록 하는데 적절한 최고의 교육 내용입니다. 많은 도구가 필요하지 않아도 놀 수 있는 놀이, 주입식 교육이 아닌 어린이들이 주도하는 자연스러운 놀이는 친구간의 긍정적인 관계를 형성하고 정서적인 안정과 자존감 향상에 영향을 미치며, 행복한 어린이로 성장하는데 꼭 필요한 부분입니다.

창의력을 키우는 전래놀이 따라 하기 책을 출판하기 위한 시간이 10년이 걸렸습니다. 그 동안 학교에서 각 기관에서 교육했던 내용들 중 현장에서 쉽고 재미있게 창의적으로 놀 수 있는 놀이들로 구성하였습니다. 이 책을 통해 놀이하는 모든 분들이 항상 즐겁고 행복한 일들이 많이 일어났으면 합니다.

INTRODUCTION

우현미
㈜늘푸른문화나무 교육팀장

저에게 놀이는 항상 주변에서 재료를 구하여 쉽고 즐겁게 놀던 기억을 줍니다.
돌, 나무, 나뭇잎 등 자연이 놀이의 재료이며 땅이 놀이의 발판이 되어주던 유년시절에는 모든 것이 재미있었습니다. 현대의 아이들도 그때의 저처럼 즐겁게 놀 수 있었으면 좋겠다고 생각하며 전래놀이 강의를 시작하게 되었습니다. 그러나 막상 강의를 시작하며 옛날에 놀던 재료도 방법도 현대에는 맞지 않는다는 생각이 들었습니다.
그래서 창의 전래놀이에 눈을 돌리게 되었고 융합놀이의 중요함을 알게 되었습니다. 여러 도서와 자료 또는 다른 강의 등을 찾아보며 변화되고 있는 전래놀이에 맞추어 강의를 점차 바꾸어 나가고 더욱 즐겁고 편안한 강의를 준비할 수 있었습니다.

현대에는 땅도 도구도 모두 준비해야 하는 번거로움이 있으나 유년시절의 놀이가 모든 강의에서 원동력이 되어주고 아이디어가 되며 교육 자료가 되어 놀이의 가치와 즐거움은 변하지 않았다 생각합니다.

놀이는 항상 우리 주변에 있습니다.
어떤 방법으로 아이들과 놀 수 있을까 생각하며 전래놀이도구를 활용하거나 쉽게 구할 수 있는 도구를 활용하는 방법으로 아이들의 창의성을 자극시켜주려고 꾸준히 노력했습니다.
창의적 전래놀이는 스스로 생각하고 규칙을 만들어 아이들 스스로 즐기는 놀이시간 되어 사회적 능력과 인성을 키워 줄 수 있습니다.

아이들이 창의력과 상상력을 발휘할 수 있는 수업을 꾸준히 만들어 가고 알리고 싶습니다.
변한 환경과 시대에 맞게 놀이 도구도 변화가 있으며 놀이 방법 또한 바뀌어졌지만 그것에 맞게 방법을 생각하고 연구하며 전래놀이가 주는 교육적 가치와 효과를 더 많은 사람들에게 알려주고 싶었습니다.
그동안 수업한 자료와 아이디어를 책으로 만들기 위해 다른 선생님들과 함께 노력한 결과물이 전래놀이 지도자 책으로 출간하게 되어 한없이 벅차오릅니다.

전래놀이를 사랑하는 모든 사람들에게 이 책이 의미 있는 책이 되었으면 좋겠습니다.

| 책을 펴내며

추 연 래
추연래전래놀이연구소대표
㈜늘푸른문화나무교육이사

유년 시절, 친구들과 고무줄놀이와 구슬치기를 즐기며 뛰놀던 말괄량이 소녀였던 저는, 어른이 된 지금도 어린 시절의 즐거운 추억을 소중히 간직하고 있습니다. "어떻게 하면 더 즐겁게 놀 수 있을까?"라는 고민은 저의 삶의 중요한 동력이 되었고, 결국 웃음을 전달하는 웃음치료사로 강사 활동을 시작하게 되었습니다. 강의를 하면서 많은 사람들이 놀이를 통해 웃음과 즐거움을 되찾고, 어린 시절의 따뜻한 추억을 떠올리며 마음의 병을 치유하는 과정을 지켜보았습니다.

특히 전래놀이는 치매 어르신을 대상으로 한 강의에서 탁월한 치유 효과를 발휘하며 저를 깊은 연구로 이끌었습니다. 이러한 노력은 마침내 2016년 11월 3일, '아띠 전래놀이 연구소'를 창단하는 결실로 이어졌습니다. 연구소를 운영하며 전래놀이가 지닌 가치와 치유의 힘을 확산시키기 위해 지속적으로 노력하고 있습니다. 강의에 나설 때마다 저는 아이들이 골목 곳곳에서 뛰놀던 모습을 떠올리며, 놀이가 가진 특별한 힘을 수강생들에게 온전히 전달하기 위해 최선을 다하고 있습니다.

몇 년 전 한 강의에서 수강생이 제게 "강사님의 힘이 넘치는 목소리와 에너지를 사고 싶다."라고 말한 적이 있습니다. 이처럼 저는 강사의 기본 자질인 청중을 집중시키는 크고 뚜렷한 목소리와 온몸에서 발산하는 긍정적인 에너지를 강점으로 가지고 있습니다. 이러한 장점은 강의를 진행하며 청중의 몰입도를 높이고 강의 분위기를 더욱 활기차게 만드는 데 기여하고 있습니다.

다만, 전래놀이의 특성상 구전으로 전해 내려오는 놀이 기법들이 체계적

INTRODUCTION

으로 정리된 자료가 부족한 경우가 많아 강의 준비 과정에서 많은 시간과 노력이 필요합니다. 이를 보완하기 위해 강의 전 철저한 자료 조사와 연습을 통해 강의의 완성도를 높이고자 노력하고 있습니다. 또한, 그동안의 강의 경험을 통해 맺어진 동료 강사들과 각 기관의 전문가들과 협력하며, 서로의 발전을 도모하는 파트너십을 유지하고 있습니다. 이러한 협력은 제 강의를 더욱 풍성하고 의미 있게 만드는 중요한 원동력이 되고 있습니다.

창의 인성 전래놀이는 신체를 활용한 다양한 움직임을 통해 대·소근육 발달과 균형감각, 리듬감 발달 등 신체발달에 큰 도움을 줍니다. 더 나아가 정서적으로 긍정적인 태도를 형성하고, 함께 어울려 놀이를 즐기며 올바른 인성을 키우는 데도 기여합니다. 이러한 놀이의 가치는 단순히 즐거움에 그치지 않고, 아이들에게 스스로 놀이를 창조하고 더불어 살아가는 사회적 능력과 인성을 키워줍니다.

이러한 창의 인성 전래놀이의 가치를 누구보다 잘 이해하고 있기에, 저는 전문 지도사로서의 책임감과 열정을 가지고 강의에 임할 것을 약속드립니다. 앞으로도 전래놀이의 교육적 가치와 치유 효과를 더 많은 사람들에게 전하며, 이 분야에서 더욱 성장하고자 합니다.

15년 가까이 수업을 진행하며, 저만의 노력으로 만들어진 놀이들을 기록해 왔습니다.

그동안 쌓아온 수업 자료들을 정리하고 책으로 만들기 위해 오랜 시간 노력한 끝에, 마침내 전래놀이 지도자 책을 출간하게 되었습니다.

오랜 시간의 연구와 실천이 담긴 결과물이라 더욱 뜻깊고 보람을 느낍니다.

목차

I 놀이 본문
1. 놀이의 의미 · 12
2. 놀이의 개념 · 14
3. 전통 전래놀이의 특징 · 16
4. 전통 전래놀이의 현대적 활용 · 18
5. 놀이지도에 따른 교사의 역할 · 18

III 전통 전래놀이 1
1. 윷놀이 · 28
2. 투호놀이 · 32
3. 팽이놀이 · 34
4. 제기놀이 · 38
5. 연놀이 · 42
6. 죽방놀이 · 44

II 전래인사놀이
1. 오프닝 인사법 & 마무리 인사 · 22

IV 전통 전래놀이 2
1. 실뜨기놀이 · 48
2. 산가지놀이 · 52
3. 칠교놀이 · 57
4. 탈피리놀이 · 59
5. 풀피리놀이 · 62

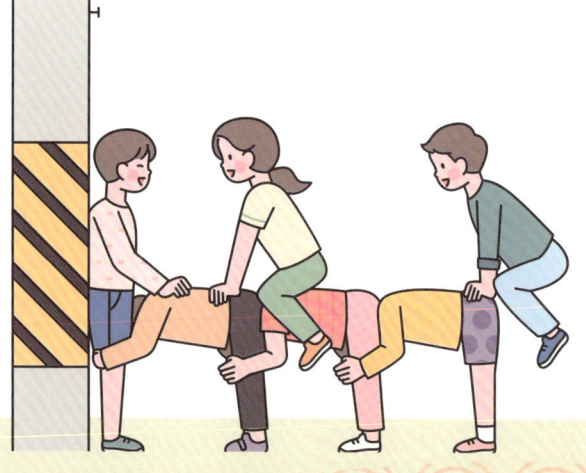

CONTENTS

V 동네 전래놀이

1. 구슬치기놀이 ·················· 66
2. 비사치기놀이 ·················· 70
3. 사방치기놀이 ·················· 73
4. 망차기놀이 ····················· 76
5. 고무줄놀이 ····················· 79
6. 딱지치기놀이 ·················· 83
7. 공기놀이 ························ 89

VII 노래 전래놀이

1. 무궁화 꽃이 피었습니다 ······ 118
2. 우리 집에 왜 왔니? ········· 120
3. 여우야 여우야 ················ 121
4. 쎄쎄쎄 ·························· 122
5. 꼬마신랑(가마타기) ········· 123
6. 호박떼기 & 수박떼기 ······· 124
7. 보리밟기 ······················· 125
8. 두껍아 두껍아 ················ 127

IX 놀이지도안

1. 놀이지도안 ···················· 140

VI 창의 전래놀이

1. 오자미놀이 ····················· 94
2. 고무신놀이 ····················· 98
3. 보자기놀이 ··················· 102
4. 대나무 매미놀이 ············· 105
5. 바람개비놀이 ················· 107
6. 돼지몰이놀이 ················· 109
7. 신문지놀이 ··················· 112

VIII 신체 전래놀이

1. 얼음 땡 술래잡기 ············ 131
2. 한걸음 술래잡기 ············· 132
3. 돈가스 술래잡기 ············· 132
4. 열발뛰기 술래잡기 ·········· 134
5. 의자뺏기 술래잡기 ·········· 135
6. 깡통차기 술래잡기 ·········· 136
7. 창의 숨바꼭질 술래잡기 ··· 137

I 놀이 본문

1. 놀이의 의미
2. 놀이의 개념
3. 전통 전래놀이의 특징
4. 전통 전래놀이의 현대적 활용
5. 놀이지도에 따른 교사의 역할

1 놀이의 의의

놀이는 단순한 즐거움을 넘어 인간의 신체적, 정신적, 사회적 발달에 중요한 역할을 합니다. 특히 전래놀이와 전통놀이는 과거로부터 이어져 온 문화적 가치를 간직하고 있으며, 이를 통해 공동체 의식과 개인의 전인적 성장을 촉진합니다.

(1) 놀이의 본질적 의의

자연스러운 학습 : 놀이를 통해 인간은 스스로 배우고, 환경과 상호작용하며 문제 해결 능력을 키웁니다.
자유로움과 창의성 : 놀이 과정에서는 강제성이 없고, 창의적 사고와 상상력을 발휘할 수 있는 기회를 제공합니다.
즐거움과 스트레스 해소 : 놀이를 통해 삶의 활력을 얻고 정서적 안정감을 찾을 수 있습니다.

(2) 전래놀이와 전통놀이의 의의

| 문화적 의의 |

- **역사와 전통의 보존** : 전래놀이는 선조들의 생활 방식, 철학, 가치관을 담고 있어 역사와 전통을 보존하는 중요한 수단입니다.
- **지역 공동체 강화** : 마을 단위의 놀이를 통해 지역사회의 연대감을 강화하고, 세대 간 소통을 촉진합니다.
- **한국적 정체성 형성** : 한국 고유의 전통과 문화를 놀이를 통해 배우며 자부심을 느낄 수 있습니다.

| 교육적 의의 |

- **사회성 발달** : 협동심, 규칙 준수, 타인 배려 등 사회생활에 필요한 덕목을 배울 수 있습니다.
- **창의력과 문제 해결 능력 향상** : 제한된 자원과 도구를 활용해 놀이를 만들어내고 수행하는 과정에서 창의적 사고와 문제 해결 능력이 발달합니다.
- **신체 발달** : 팽이치기, 제기차기, 씨름 등 신체 활동을 중심으로 한 놀이를 통해 운동능력을 기를 수 있습니다.

| 심리적 의의 |
- **정서적 안정** : 놀이 과정에서 스트레스를 해소하고 감정 표현을 자연스럽게 할 수 있습니다.
- **자존감 형성** : 놀이를 통해 성취감을 느끼며 자신감을 키울 수 있습니다.
- **관계 형성** : 놀이를 통해 타인과 상호작용하며 긍정적인 관계를 형성합니다.

(3) 현대적 의의

① 교육적 활용

전래놀이를 현대적으로 재해석하여 교육 현장에서 활용하면 아이들에게 협동심과 창의성을 가르칠 수 있습니다.

놀이를 통해 역사적 지식과 한국 문화를 자연스럽게 학습하게 합니다.

② 놀이를 통한 치유

현대 사회에서 전통놀이는 공동체적 유대를 강화하고, 스트레스를 해소하며 심리적 치유의 효과를 가져옵니다.

어린이뿐만 아니라 어른들에게도 놀이를 통해 삶의 활력을 되찾게 합니다.

③ 문화관광 자원화

전통놀이는 외국인들에게 한국 문화를 알리는 중요한 도구로 활용될 수 있습니다.

지역 축제나 관광 상품으로 재창조하여 경제적 가치를 창출할 수 있습니다.

(4) 놀이의 다면적 의의

분야	의의
문화적	전통의 계승과 지역 공동체의 강화, 한국적 정체성 형성
교육적	창의력, 문제 해결 능력, 사회성 발달
심리적	정서적 안정과 스트레스 해소, 관계 형성
현대적	치유와 여가 활동, 문화 콘텐츠 및 관광 자원화

2 | 놀이의 개념

놀이란 인간이 자발적으로 행하는 신체적, 정신적 활동으로, 즐거움을 느끼고 삶의 활력을 얻는 과정을 말합니다. 놀이의 핵심은 강제성이 없는 자유로운 행위이며, 일상적인 생활에서 벗어나 창의력과 상상력을 발휘할 수 있는 기회를 제공합니다.

(1) 놀이의 정의

① **일반적인 정의 :**
즐거움과 자발성을 기반으로 하여 이루어지는 활동
정해진 목적이나 보상이 없으며, 과정 자체에서 의미와 재미를 찾는 행위

② **학문적 정의 :**
- **호이징하 (Johan Huizinga) :** 놀이는 자유롭고, 자발적이며, 일정한 규칙과 질서를 따르는 행위이다. 사회적, 문화적 가치를 포함하여 인간의 본능적 활동으로 본다.
- **에릭슨 (Erik Erikson) :** 놀이는 어린아이들의 정체성과 창의성을 키우는 기본적인 활동이다.
- **스펜서 (Herbert Spencer) :** 놀이는 에너지가 과잉된 상태에서 이를 소비하기 위한 활동으로 정의된다.

(2) 놀이의 특성

① **자발성 :** 강제에 의한 활동이 아닌, 스스로 하고 싶은 마음에서 시작되는 활동
② **즐거움 :** 놀이의 과정 자체에서 얻는 만족감과 즐거움이 핵심
③ **규칙성 :** 단순한 활동이 아닌, 내재된 규칙과 질서를 통해 구성됨. 규칙이 창의적으로 변형되기도 함
④ **비생산성 :** 놀이 자체는 외형적으로 실질적인 생산물을 창출하지 않음. 그러나 내면적으로는 창의성, 사회성, 체력 등의 발달을 가져옴
⑤ **창의성과 상상력 :** 놀이를 통해 상상력과 창의력을 발휘하며, 새로운 경험과 아이디어를 만들어냄
⑥ **사회성 :** 다른 사람과의 협력과 경쟁을 통해 상호작용하며, 사회적 관계를 형성

(3) 놀이의 종류

① **신체놀이 :** 팽이치기, 제기차기, 줄넘기 등 몸을 활용한 놀이
② **인지놀이 :** 윷놀이, 고누놀이 등 전략과 규칙을 활용한 놀이
③ **상상놀이 :** 소꿉놀이, 역할놀이 등 창의력을 기반으로 한 놀이

④ **사회놀이** : 강강술래, 술래잡기 등 여러 사람과 함께하는 놀이
⑤ **자연놀이** : 연날리기, 물놀이 등 자연과 함께하는 놀이

(4) 놀이의 기능
① **심리적 기능** : 스트레스를 해소하고, 즐거움을 통해 정서적 안정감을 줌
② **사회적 기능** : 타인과의 협동, 경쟁, 규칙 준수를 배우며 사회성을 발달시킴
③ **신체적 기능** : 신체 활동을 통해 운동 능력과 체력을 기름
④ **교육적 기능** : 놀이를 통해 창의력, 문제 해결 능력, 사고력을 키움
⑤ **문화적 기능** : 특정 놀이를 통해 전통과 문화를 전승하며, 세대 간 소통의 매개체 역할

(5) 놀이의 예시
① **어린이놀이** : 술래잡기, 숨바꼭질, 소꿉놀이
② **전통놀이** : 윷놀이, 투호놀이, 강강술래
③ **현대놀이** : 보드게임, 컴퓨터 게임, 스포츠

3 | 전통 전래놀이의 특징

전통놀이는 오랜 시간 동안 전해 내려온 놀이로, 과거 사람들이 공동체 속에서 즐기며 생활 방식과 문화를 담아낸 활동입니다. 이러한 전통놀이는 단순한 놀이를 넘어서 역사, 문화, 공동체적 가치를 포함하고 있어요. 전통놀이의 주요 특징을 정리하면 아래와 같습니다.

(1) 전통적 요소
- **역사와 문화의 반영** : 전통놀이는 그 지역의 생활 방식, 철학, 자연환경 등이 놀이 규칙과 형태에 반영되어 있음
    - 예) 농경 사회에서는 풍년을 기원하는 놀이(강강술래, 줄다리기)가 주를 이룸

(2) 단순한 도구와 재료
- **주변에서 쉽게 구할 수 있는 재료 사용** : 자연 재료나 생활 속의 도구를 활용
    - 예) 팽이치기(나무로 만든 팽이), 공기놀이(돌멩이), 제기차기(닭털로 만든 제기)
- **창의적 재료 활용** : 놀이를 위해 특별한 장비가 필요하지 않고, 간단한 재료로도 창의적으로 변형 가능

(3) 공동체적 성격
- **여러 사람과 함께 즐김** : 전통놀이는 대개 마을 단위로 함께 즐길 수 있는 놀이가 많음
    - 예) 씨름, 강강술래, 줄다리기
- **세대 간 소통** : 어른과 아이가 함께 참여하면서 자연스럽게 전통을 전수

(4) 규칙의 유연성
- **놀이 규칙의 변형 가능** : 놀이의 규칙이 엄격하지 않아, 상황과 참여자에 따라 자유롭게 변형할 수 있음
    - 예) 딱지치기의 크기와 재료 변경, 공기놀이의 단계와 방식 변형

(5) 신체 활동 중심
- **신체를 활용한 놀이가 많음** : 몸을 움직이며 참여하는 놀이가 주를 이룸
    - 예) 제기차기, 팽이치기, 씨름, 널뛰기 등
- **체력과 운동능력 향상** : 놀이를 통해 자연스럽게 체력을 기르고 건강을 유지

(6) 자연환경과의 조화
- **자연을 배경으로 한 놀이** : 야외에서 자연환경과 함께하는 놀이가 많음
    - 예) 연날리기, 강강술래, 물놀이
- **환경 친화적** : 재료부터 놀이 공간까지 자연과 밀접한 관련

(7) 상호작용과 경쟁
- **협동과 경쟁의 조화** : 전통놀이는 협동심을 기르면서도 경쟁을 통해 재미를 느낄 수 있는 구조
    - 예) 줄다리기(협동), 씨름(경쟁), 윷놀이(협동과 경쟁 혼합)
- **사회적 기술 학습** : 팀워크, 규칙 준수, 배려 등 놀이를 통해 사회적 가치를 배움

(8) 전승과 교육적 가치
- **구전으로 전해짐** : 전통놀이는 주로 구전으로 전해지며, 놀이 과정을 통해 전통과 문화를 자연스럽게 배우게 됨
- **교육적 효과** : 놀이 과정에서 창의력, 문제 해결 능력, 사회성, 신체 발달을 동시에 기를 수 있음

(9) 특정 시기와 관련
- **계절별 놀이** : 특정 계절과 명절에 즐기던 놀이가 많음
    - 예) 설날(윷놀이, 널뛰기), 추석(강강술래), 정월대보름(연날리기, 쥐불놀이)
- **의례와 연관** : 풍년을 기원하거나 공동체의 번영을 축원하는 놀이가 많음
    - 예) 줄다리기(풍년 기원)

(10) 놀이의 단순성과 접근성
- **누구나 쉽게 참여 가능** : 연령, 성별에 관계없이 누구나 쉽게 배우고 즐길 수 있음
- **단순한 규칙** : 복잡하지 않은 규칙으로 쉽게 익힐 수 있고, 상황에 맞게 변경 가능

놀이	특징과 요소
강강술래	여자들이 손을 잡고 원을 만들어 춤추며 노래하는 놀이. 협동과 공동체 의식 강화
윷놀이	네 개의 윷가락으로 승부를 겨루는 놀이. 전략과 운이 결합된 전통 게임
팽이치기	팽이를 돌려 경쟁하거나 오래 유지하는 놀이. 신체 조작 능력 발달
제기차기	제기를 차며 떨어뜨리지 않는 놀이. 균형감각과 체력 향상
씨름	힘과 기술로 상대를 넘어뜨리는 전통적인 신체 놀이

4 | 전통·전래놀이의 현대적 활용

- **교육 현장에서 재활용** : 학교나 체험 활동에서 전통놀이를 현대화하여 교육 자료로 사용
- **문화적 재해석** : 지역 축제나 관광 상품으로 전통놀이를 활용
- **신체 활동 대체** : 디지털 시대에 부족한 신체 활동을 보완하기 위해 다시 주목받고 있음

5 | 놀이지도에 따른 교사의 역할

놀이를 지도하는 교사는 단순히 놀이를 관찰하거나 규칙을 설명하는 것 이상의 역할을 수행합니다. 교사는 놀이를 통해 아이들이 자발적으로 학습하고, 사회성, 창의성, 문제 해결 능력을 키울 수 있도록 환경을 조성하고 지원해야 합니다.

아래는 놀이지도 에서 교사가 맡아야 할 구체적인 역할입니다.

(1) 놀이 환경 조성자

안전하고 즐거운 환경 조성 : 아이들이 자유롭게 활동할 수 있는 물리적·심리적 환경을 제공. 놀이에 필요한 도구와 공간을 준비하고, 안전을 최우선으로 고려

놀이 자극 제공 : 놀이를 시작하거나 새로운 활동을 탐색하도록 흥미로운 자료나 아이디어를 제공

> 예 "이 블록으로 무엇을 만들 수 있을까?"와 같은 질문으로 창의적 사고 유도

(2) 관찰자

놀이를 관찰하고 이해 : 아이들이 놀이를 통해 무엇을 배우고 있는지, 어떤 문제를 겪고 있는지 관찰. 놀이를 통해 아이들의 관심사, 발달 수준, 상호작용 패턴을 파악

필요한 개입 시점 판단 : 놀이가 정체되거나 갈등이 생길 때 자연스럽게 개입할 준비하지만 놀이가 순조롭게 진행된다면 관찰하며 스스로 문제를 해결하도록 유도

(3) 안내자 및 조력자

놀이를 확장하도록 돕기 : 놀이를 더 풍성하게 만들 수 있는 제안이나 자료를 제공

> 예 "다른 방법으로 다리를 만들어 볼까?" 또는 "친구와 역할을 나눠보는 건 어떨까?"

놀이의 맥락 이해 돕기 : 아이들에게 놀이의 의미를 이해시키고, 규칙이나 활동의 목적을 부드럽게 설명

(4) 동료 참여자
- **놀이에 함께 참여** : 때로는 놀이의 동료로 참여해 아이들이 몰입할 수 있도록 지원. 교사가 아이들과 함께 역할 놀이, 게임 등에 참여하여 모델링 역할 수행
- **참여의 균형 유지** : 놀이의 주도권을 아이들에게 유지하며, 교사는 보조적 역할에 머물러야 함

(5) 갈등 조정자
- **문제 해결 지원** : 놀이 과정에서 발생하는 갈등(역할 분배, 규칙 위반 등)을 공정하게 중재. 갈등 상황에서 아이들이 스스로 문제를 해결할 수 있도록 질문과 대화를 통해 유도
  - 예) "어떻게 하면 둘 다 만족할 수 있을까?" 또는 "이런 상황에서는 어떤 규칙이 필요할까?"

(6) 촉진자
- **창의성과 상상력 자극** : 놀이 활동에서 아이들이 새로운 아이디어를 시도하도록 격려
  - 예) "이 블록을 더 높이 쌓으려면 어떻게 해야 할까?"와 같은 도전 과제 제시
- **협동 유도** : 아이들 간의 협력을 촉진하여 놀이가 더 풍성해지도록 도움
  - 예) "같이 힘을 모아서 이 문제를 해결해 보자."

(7) 평가자
- **놀이를 통해 발달 평가** : 놀이 관찰을 통해 아이들의 신체적, 정서적, 인지적 발달 수준을 평가. 개별 아이의 흥미와 강점을 발견하고, 부족한 부분을 파악하여 지원 계획 수립
- **놀이를 반영한 계획 수립** : 놀이 활동을 평가하여 다음 활동이나 주제 선택에 반영

(8) 안전 관리자
- **놀이 중 안전 유지** : 놀이 과정에서 아이들이 다치지 않도록 환경과 도구를 점검. 위험한 상황을 미리 예방하고, 놀이 도구의 적절한 사용법을 안내

(9) 놀이 가치 전달자
- **놀이의 중요성 강조** : 놀이를 단순한 여가 활동으로 생각하지 않고, 학습과 발달의 중요한 도구로 활용
- **학부모와 소통** : 놀이를 통해 아이들이 무엇을 배우는지, 가정에서 놀이를 어떻게 지원할 수 있는지 학부모와 공유

(10) 놀이의 문화적 맥락 전달자

전통놀이와 현대놀이 연결 : 전통놀이를 소개하고, 현대적 요소와 결합해 아이들이 더 흥미를 느낄 수 있도록 함

예▶ 윷놀이, 제기차기 등 전통놀이를 통해 아이들에게 한국 문화의 중요성을 전달

(11) 놀이지도에서 교사가 주의할 점

① **과도한 개입 피하기** : 아이들의 자율성을 침해하지 않도록, 놀이의 주도권은 항상 아이들에게 맡기기
② **균형 잡힌 역할 수행** : 관찰과 개입, 참여와 후퇴의 균형을 잘 유지
③ **개별 아동의 차이 존중** : 모든 아이가 놀이에 접근하는 방식이 다름을 인정하고, 각자의 속도 흥미를 존중

역할	설명
환경 조성자	안전하고 자발적인 놀이를 위한 환경과 자료 제공
관찰자	놀이를 관찰하여 아이들의 발달과 흥미를 파악
안내자	놀이를 확장하고 방향을 제시하여 몰입과 학습을 지원
동료 참여자	아이들과 함께 놀이하며 모델링과 협력 지원
갈등 조정자	놀이 중 발생하는 갈등 상황을 공정하게 해결
촉진자	창의성과 상상력을 자극하고 협동과 협력을 유도
평가자	놀이를 통해 발달 상황을 평가하고 다음 활동 계획
안전 관리자	놀이 환경과 과정에서 안전을 유지
가치 전달자	놀이의 중요성과 학습적 가치를 아이들과 학부모에게 전달

 전래인사놀이

1. 오프닝 인사법 & 마무리 인사
(1) 오프닝 인사
(2) 친밀감 인사놀이
(3) 마무리 인사

1. 오프닝 인사법 & 마무리 인사

(1) 오프닝 인사

안녕~ 허~이 (크게. 작게)

* 공수는 두 손을 어긋매껴 마주 잡는 일이다. 차수라고도 한다.

평상시에는 남자는 왼손이, 여자는 오른손이 위로 가도록 두 손을 포개어 잡는다.

흉사 시에는 반대로, 남자는 오른손이, 여자는 왼손이 위로 가도록 잡는다. 제사는 흉사가 아니므로 평상시대로 한다.

* 배례는 어른이나 존경하는 대상 앞에 머리를 조아려 예를 갖추는 일이다.

(2) 친밀감 인사놀이

놀이 1 ▶ 친구야 놀자

① 선생님 이름을 가르쳐 주고 "연래야~ 놀자" 시키면 친밀감 형성이 빠르게 된다. 선생님은 꼭 친구들에게 대답을 해줘야 한다.

② 친구 한 명씩 이름을 부르며 "친구야~ 놀자" 하면 본인 이름의 친구는 대답을 해야 한다. (예: 그래, 기다려, 나간다. 등)

③ 오프닝 전 "친구야~ 놀자" 외치며 시작한다.

놀이 2 ▶ 아리랑 인사놀이

아리랑

아리랑

아라리요

아리랑 고개로 넘어간다.

나를 버리고 가시는 님은 십 리도 못 가서 발병 난다.

① 아리랑 아리랑 아라리요 무릎 3번 ➡ 박수 3번 ➡ 짝꿍 박수 6번

② 아리랑 고개로 넘어간다. 무릎 3번 ➡ 박수 3번 ➡ 짝꿍 박수 6번

③ 나를 버리고 가시는 님은 팔짱을 끼고 앞에 친구 곁눈질한다.

④ 십 리도 못 가서 발병 난다. 팔을 풀고 짝꿍과 엉덩이끼리 치고 춤을 추며 다른 친구 찾아간다.

⑤ 노래를 부르며 함께한 친구들 모두에게 돌아다니며 스킨십 한다.

놀이 3 ▶ 코알라

숲속 작은집 코알라.
아무것도 모르는 코알라.
(코 코 코) (알 알 알) (라 라 라) 코 알 라.
① 숲속 작은집 코알라 ➡ (양손) 집을 만든다.
② 아무것도 모르는 코알라 ➡ (왼손)은 오른쪽 팔꿈치를 잡고 오른손으로 흔든다.
③ 코 코 코 ➡ (검지) 손가락 코
④ 알 알 알 ➡ (엄지, 검지) 손가락 볼
⑤ 라 라 라 ➡ (검지) 손가락 입

놀이 4 ▶ 팀 대항전 사물놀이

① 꽹과리, 장구, 북, 징 모둠으로 나눈다.
② 꽹과리 모둠은 "깨갱 깨갱 꼥꼥꼥꼥꼥" 소리낸다.
③ 장구 모둠은 "덩 덕덕 쿵덕" 소리낸다.
④ 북 모둠은 "쿵 덕 쿵 덕 쿵 덕" 소리낸다.
⑤ 징 모둠은 "징~~~~~~~~" 소리낸다.
⑥ 앞에서 한 명의 친구가 지휘를 할 때 팀에게 손짓을 한다.
⑦ 지휘자의 손짓을 받은 모둠은 소리를 낸다.
⑧ 지휘자의 손짓을 받고 소리를 내지 못하거나 웃으면 사물놀이에서 아웃이다.
⑨ 마지막 한 팀이 나올 때까지 진행한다.

놀이 5 ▶ 팀 대항전 닭다리 놀이(팀 대항전 사물놀이와 유사한 놀이)

강아지 ➡ 멍멍멍멍
고양이 ➡ 야옹야옹
사　자 ➡ 어흥어흥
토　끼 ➡ 깡충깡충

놀이 6 ▶ 고추먹고 맴맴(몸 터치 놀이)

(윤석중 작사 박태준 작곡)

아버지는 나귀 타고 장에 가시고

할머니는 건넛마을 아저씨 댁에

고추 먹고 맴맴 달래 먹고 맴맴

할머니는 돌떡 받아 머리에 이고

꼬불꼬불 산골길로 오실 때까지

고추 먹고 맴맴 달래 먹고 맴맴

① 왼 무릎 2번 ➡ 오른 무릎 2반 ➡ 양손 무릎 3번 ➡ 박수

② 노래와 함께 부르며 율동 또는 팀 빌딩으로 만들어 본다.

놀이 7 ▶ 청청 맑아라 놀이

청청 맑아라.

물레 각시 물 길어 온다.

툭 가위바위보

① 무릎 2번 박수 2번 양손 주먹 원을 만들어 돌려준다.

② 노래와 함께 3번 반복

③ "툭" 가위바위보("툭" 한 박자에 바로 가위바위보를 한다.)

④ 이긴 친구 또는 진 친구 양손 모아 앞으로 한다.

⑤ 모은 손 중심으로 위부터 박수 아래 박수 치며 청청 맑아라 노래를 부른다.

⑥ 선생님은 노래 중간에 "툭" 외치면 (왼, 오른) 한쪽만 때려준다.

⑦ 손 모으고 있는 친구는 "툭" 외치면 피한다.

놀이 8 ▶ 가마솥의 누룽지 놀이

하늘 천~ 땅 지~

가마솥에 누룽지 박박 긁어서

오도독 대도독 씹어서

맛있게 먹자~~ 흡

① 벌칙으로 활동한다.(등 위에)

② 검지 하늘, 등 위에 검지

③ 손바닥으로 등을 비벼준다.
④ 손끝으로 박박 긁어준다.
⑤ 등을 시원하게 꼬집어준다.
⑥ 등을 두들겨 주며 맛있게 먹는 모습으로 마무리
⑦ 등이 아닌 친구의 손바닥에 할 수 있다.

놀이 9 ▶ 잼잼 곤지곤지 짝짝 놀이

잼잼 곤지곤지 짝짝 / 잼잼 곤지곤지 짝짝
잼잼 곤지곤지 짝짝 / 잼 곤지 짝 곤지 잼 짝
① 단동십훈 잼잼 곤지곤지 짝짝을 한다.
② 잼잼 주먹 2번
③ 곤지곤지 왼손 바닥에 오른 검지로 찍는다.(2번)
④ 짝짝 박수 2번
⑤ 세 번 반복 후 잼 곤지 짝 곤지 잼 짝 맞춰서 손동작을 한다.

놀이 10 ▶ 이름빙고놀이

① A4 용지 16칸 접는다.
② 친구들 이름 부르며 적는다.
③ 새로운 환경의 물건을 기록한다.
④ 도형 두 가지 중 한 가지만 기록한다.(네모, 세모 중 하나 기록)
⑤ 하늘과 땅, 달과 해, 비와 눈 등 자연에서 한 가지만 기록
⑥ 친구들이 많은 경우 세 친구 중 가장 놀고 싶은 친구 한 명만 기록한다.
⑦ 빙고 놀이 시작 친구 이름 부르면 일어서서 얼굴을 익히게 한다.
⑧ 그 친구는 다음 친구의 이름을 부르며 계속 진행한다.
⑨ 사물의 경우는 선생님께서 다시 진행한다.

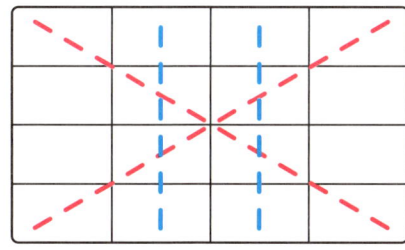

놀이 11 ▶ 일자빙고놀이

① 일자로 6칸 종이를 준비한다.

② 숫자 1~6수를 칸 자유롭게 적는다.

③ 순서를 정해서 첫 번째 친구가 숫자를 부른다.

④ 부른 숫자가 종이에 가장자리에 있는 숫자면 잘라 낼 수 있다.

⑤ 부른 숫자가 종이의 안의 칸에 있으면 잘라 낼 수 없다.

⑥ 모든 숫자를 잘라서 들고 있는 숫자 종이가 없으면 놀이가 끝난다.(마지막 숫자까지 나와야 된다.)

⑦ 칸수를 늘리거나 숫자가 아닌 사물이나 이름으로 해도 된다.

| 5 | 1 | 2 | 4 | 6 | 3 |

(3) 마무리 인사

똑딱 똑딱 똑딱 머리 손위에

똑딱 똑딱 똑딱 어깨 손위에

똑딱 똑딱 똑딱 배꼽 손위에

우리 모두 다 같이 인사합시다.

감사합니다.

① 똑딱 똑딱 똑딱 손바닥을 펼쳐서 흔들어 준다.

② 머리 손위에 어깨 손위에 배꼽 손위에 가사에 맞춰서 손을 움직인다.

③ 우리 모두 다 같이 인사합시다. 왼팔 펴고 오른팔 펴고 양손 공수를 한다.

④ 감사합니다. 머리 숙여 공손히 인사를 한다.

Ⅲ. 전통 전래놀이 1

1. 윷놀이
(1) 윷놀이 유래 및 종류
(2) 윷놀이
(3) 창의 윷놀이

2. 투호놀이
(1) 투호 유래 및 종류
(2) 투호놀이

3. 팽이놀이
(1) 팽이 유래 및 종류
(2) 민속 팽이놀이
　① 팽이 만들기
　② 팽이 돌리기
　③ 팽이 토너먼트
　④ 민속 팽이 이어달리기 놀이
(3) 창의 팽이놀이
　① 팽이 만들고 돌리기
　② 팽이 토너먼트
　③ 도구를 활용한 팽이 돌리기
　④ 끈 팽이놀이

4. 제기놀이
(1) 제기차기 유래 및 종류
(2) 제기차기 놀이
(3) 창의 제기놀이
　① 도구활용 제기놀이
　② 하늘 제기놀이
　③ 보자기 제기놀이
　④ 풍선 제기놀이
　⑤ 비닐봉지 제기놀이

5. 연놀이
(1) 연 유래 및 종류
(2) 연놀이
　① 연 날리는 방법
　② 천을 활용한 가오리연 만들기

6. 죽방놀이
(1) 죽방 유래 및 종류
(2) 죽방놀이
　① 죽방 만들기
　② 죽방놀이

1 | 윷놀이

(1) 윷놀이 유래 및 종류
삼국시대 이전부터 농사의 풍흉을 점치고, 삼국시대, 고려시대, 조선시대로 이어지면서 점차 놀이로 변화하여 오늘에 이르고 있다.

(2) 윷놀이
- **교육** : 윷가락 4개를 던져 나온 수에 따라 활동하는 놀이
- **목표** : 대근육. 소근육. 집중력. 협동심을 향상시킨다.
- **활동장소** : 교실. 다목적실. 운동장
- **인원** : 소모둠(2~20명)
- **대상** : 유치. 초.중.고
- **준비물** : 윷가락. 윷판. 말

놀이 열기
- 윷놀이를 해본 적 있나요?
- 윷놀이는 언제 할까요?
- 윷놀이에는 어떤 동물이 나올까요?

놀이 풀기

놀이 1 ▶ 기본 윷놀이

① 도, 개, 걸, 윷, 모 알기
② 윷판 사용 방법 알기(29밭)

▶ **순서 정하기(쟁도)**
각 편의 대표 두 명이 나와, 네가락 중 두 가락씩 나누어 가지고 던져서 숫자가 높은 편이 먼저 시작한다.

▶ **말 쓰기**
윷가락을 던져서 나온 끗수에 따라 말을 옮기는 것을 말한다. 처음에는 말을 달아야 하고, 어떤 경우에는 상대방 말을 잡아야 하며, 어떤 경우에는 업기도 한다.

▶ **업고 가기(굽기·볶기)**

윷가락을 던져서 두 개나 네 개의 말을 업어서 함께 이동할 수도 있다. 업는 경우가 불리하면 업지 않아도 된다.

▶ **잡기**

자기편 말이 뒤따라 가다가 앞서가던 상대편 말과 같은 자리에 서게 되면 상대편의 말을 잡게 된다.

▶ **한번 더 하기**

윷이나 모가 나왔을 때 상대편 말을 잡았을 때도 한 번 더 놀 수 있다.

▶ **동나기**

처음에 달았던 말이 말판을 돌아서 밖으로 나오는 것을 동나기라고 말하는데, 먼저 넉동(네 동)이 나는 편이 이긴다. 동이 빨리 나기 위해서 길을 잘 선택해야 하는데, 지름길로 질러가는 방법과 세 개의 먼 길이 있다.

③ 윷판과 깔판

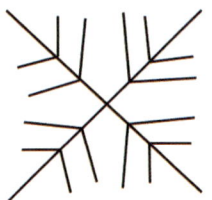 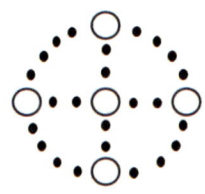 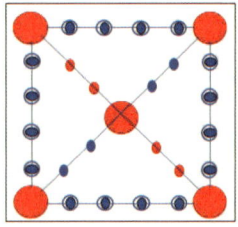

(3) 창의 윷놀이

놀이 1 ▶ 창의 윷놀이 I

| 그림 인지 윷놀이 |

놀이 2 ▶ 창의 윷놀이 Ⅱ

| 밤 윷놀이 |

① 밤 윷은 윷판에 손으로 던져 놀이할 수 있다.

② 작은 종지에 담아서 윷판에 흔들어 던져 놀이할 수 있다.

③ 콩을 반쪽으로 나누어 밤 윷놀이와 같은 방법으로 할 수 있다.(콩 윷)

놀이 3 ▶ 창의 윷놀이 Ⅲ

| 대 윷놀이 |

① 4명이 대 윷을 1개씩 가지고 던진다.

② 2명이 대 윷을 2개씩 가지고 던진다.

③ 친구들이 말이 되어서 움직인다.

④ 말판 위에 함정이나 미션을 만들어서 더 즐겁게 놀이할 수 있다.
　　(예: 3칸 앞으로 / 한 번 쉬기 / 한 번 더 던지기 / 뒤로 한 칸 / 처음으로....)

⑤ 미션은 대상이나 연령에 따라 난이도를 조절한다.

놀이 4 ▶ 창의 윷놀이 IV

| 창의 윷판 놀이 |

① 창의 윷판을 원 30개 정도로 그린다.
② 동그라미 중간중간에 함정이나 미션을 만든다.
③ 윷을 던져 수만큼 동그라미를 지운다.
④ 중간에 있는 벌칙에 걸리면 팀원 모두 함께한다.
⑤ 먼저 동그라미를 모두 지우면 승리한다.
⑥ 여러 번 반복해서 활동한다.

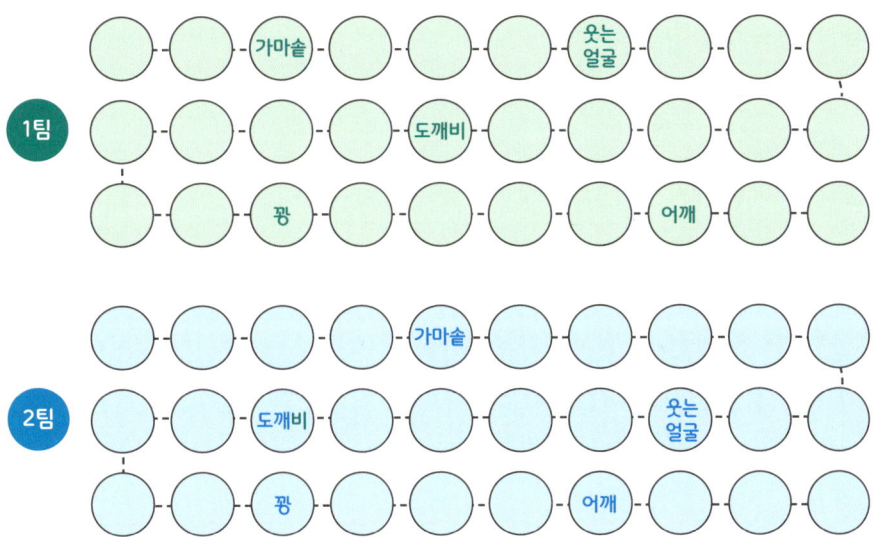

놀이 말기

- 놀이 활동 중 즐거웠던 이야기 나누기
- 마무리 인사하기

도움말

- 미션은 친구들이 창의적으로 만들어 놀이에 즐겁게 참여할 수 있도록 유도한다.
- 놀이 도중에라도 규칙을 계속 이야기한다.
- 규칙의 중요성도 필요하지만 연령과 놀이에 따라 규칙을 완화시켜서 놀이에 즐거움을 준다.

2 투호놀이

(1) 투호 유래 및 종류

투호놀이는 본래 항아리에 화살을 던져서 많은 수를 넣어 겨루는 놀이다.

(2) 투호놀이

- **교육** : 집중해서 막대기를 통에 넣는 놀이
- **목표** : 대근. 집중력. 연산을 향상시킨다.
- **활동장소** : 교실. 다목적실. 운동장
- **인원** : 소모둠(1~20명)
- **대상** : 유치. 초.중.고
- **준비물** : 투호. 막대기(나무젓가락. 아이스크림 막대. 종이 빨대 등)

놀이 열기

- 막대기를 던져서 통에다 넣는 놀이는 무엇일까요?
- 막대는 어떤 것을 사용하면 좋을까요?
- 투호 통은 어떤 것으로 대체가 가능할까요?

놀이 풀기

놀이 1 ▶ 투호놀이

① 연령에 따라 투호와 출발선의 거리를 정한다.
   5개 정도 던진다.
② 개인이나 팀전도 가능하다.
③ 막대를 3~5개 정도 던진다.
④ 모든 팀원이 투호 통에 들어간 막대가 몇 개인지 확인한다.
⑤ 막대를 던질 때에는 세로 또는 가로로 잡고 던진다. (세로로 잡고 던지는 것이 기본이다.)

놀이 말기
- 놀이 활동 중 즐거웠던 이야기 나누기
- 마무리 인사하기

도움말
- 투호를 사람을 향해서 휘두르거나 던지지 않게 주의시킨다.
- 놀이 도중에라도 규칙을 계속 이야기한다.
- 연령과 놀이에 따라 거리를 조절하고 투호의 종류를 다양하게 하여 놀이에 즐거움을 준다.

메모

3. 팽이놀이

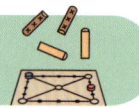

(1) 팽이 유래 및 종류

　어릴 적에 농촌은 물론이고 도회지에서도 팽이를 즐겨 쳤다. 겨울에는 얼음판 위에서 팽이치기 놀이를 즐겨 했다.

　팽이놀이 종류에는 열매 팽이, 치는 팽이, 던지는 팽이, 우는 팽이, 소라팽이놀이가 있다.

　요즘에는 끈 팽이(단추 팽이), 아이스크림 팽이, 밤 팽이, 도토리 팽이처럼 여러 가지 모양의 팽이들이 많이 있다.

(2) 민속 팽이놀이

- **교육** : 민속 팽이를 돌리며 노는 놀이
- **목표** : 신체활동. 집중력을 향상시킨다.
- **활동장소** : 교실. 다목적실. 체육관. 운동장
- **인원** : 소모둠(1~5명)
- **대상** : 유치. 초.중.고
- **준비물** : 팽이. 색연필. 네임펜. 매직. A4용지

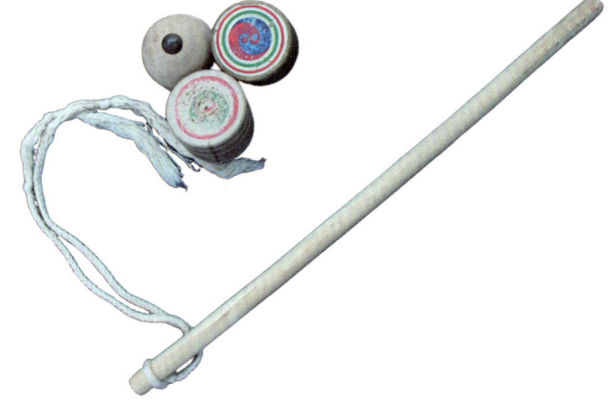

놀이 열기

- 민속 팽이를 돌려본 경험이 있나요?
- 어떻게 해야 팽이가 잘 돌까요?
- 팽이를 잘 돌릴 수 있는 방법은 무엇이 있을까요?

놀이 풀기

놀이 1 ▶ 팽이 만들기

① 팽이를 여러 가지 색으로 칠한다.
② 팽이에 그림을 그려본다.
③ 팽이에 스티커. 스팽글 등을 이용하며 꾸며본다.
④ 내가 만든 팽이가 돌아가면 어떤 무늬가 나오는지 상상하며 꾸며본다.

놀이 2 ▶ 팽이 돌리기

① 팽이의 모양을 관찰한다.
② 팽이를 양손으로 잡고 돌린다.
③ 팽이를 한 손으로 돌리거나 양손을 이용해서 돌려보고 어떤 팽이가 오래 돌아가는지 확인한다.
④ 채를 잡는 손이 왼손, 오른손인 경우에는 팽이 돌리는 방향이 달라야 한다.
- 채를 잡는 손이 왼손인 경우 팽이 도는 방향은 시계 반대 방향이다.
- 채를 잡는 손이 오른손인 경우 팽이 도는 방향은 시계 방향이다.
⑤ 팽이를 돌리고 채로 팽이의 몸통 아랫부분을 빗겨서 쳐준다.
⑥ 팽이가 쓰러지지 않도록 채를 이용해 계속 쳐준다.

놀이 3 ▶ 팽이 토너먼트

① 모둠으로 토너먼트 형식으로 오래 돌리기 놀이를 한다.
② 모둠 중에 오래 돌린 사람끼리 다시 팽이 돌리기를 한다.
③ 최후의 1인이 나올 때까지 한다.

놀이 4 ▶ 민속 팽이 이어달리기 놀이(운동장, 체육관)

① 정해진 거리를 여러 명의 사람이 나누어 팽이를 돌리며 달린다.
② 팽이와 채를 건네주며 다음 사람이 이어서 달린다.
③ 팽이가 쓰러지면 다시 돌려서 달린다.
④ 도착점에 먼저 도착하면 이긴다.

(3) 창의 팽이놀이

- **교육 :** 팽이를 만들어서 친구들과 넘어뜨리며 노는 놀이
- **목표 :** 창의성을 기르고 눈과 손. 눈과 팔의 협응력을 기를 수 있다.
- **활동장소 :** 교실. 다목적실. 체육관. 운동장
- **인원 :** 소모둠(2~4명)
- **대상 :** 유치. 초.중.고
- **준비물 :** 팽이. 색연필. 네임펜. 매직. A4용지

놀이 열기

- 예전에는 어떤 팽이를 사용하였을까요?
- 어떤 바닥에서 팽이가 가장 잘 돌까요?
- 현재에는 어떤 팽이를 사용하나요?

놀이 풀기

놀이 1 ▶ 팽이 만들고 돌리기

① 팽이를 예쁘게 꾸며본다.
② 시작과 동시에 엄지와 검지를 비벼서 돌리기 시작한다.
③ 누구의 팽이가 오래 도는지 확인한다.
④ 손바닥에 올려서 오래 돌리기를 한다.

놀이 2 ▶ 팽이 토너먼트

① 두 명씩 토너먼트 형식으로 오래 돌리기 놀이를 한다.
② 두 명 중에 오래 돌린 사람끼리 다시 팽이 돌리기를 한다.
③ 최후의 1인이 나올 때까지 한다.
④ 참가 인원이 홀수인 경우 선생님도 게임에 참여한다.

놀이 3 ▶ 도구를 활용한 팽이 만들기

① 도구는 도토리 팽이와 A4 용지를 이용한다.
② A4 용지 위에 도토리 팽이를 돌린다.
③ 양손으로 A4 용지를 잡고 들어 올린다.
④ 팽이가 멈추지 않도록 A4 용지를 균형을 잡아서 든다.
⑤ 두 명이 A4 용지 위에서 돌고 있는 팽이를 서로 주고받아 본다.
⑥ 높은 난이도인 경우에는 바닥에 팽이를 돌린 후 A4 용지 위에 돌아가는 팽이를 올려본다.

놀이 4 ▶ 끈 팽이놀이

① 도구는 끈을 끼워 돌릴 수 있는 단추, 나무, 두꺼운 도화지 등을 준비한다.
② 단추처럼 실을 끼울 수 있는 구멍이 두 개가 있어야 한다.
③ 두 개의 구멍에 실을 끼워서 묶어준다.
④ 실 가운데 팽이가 오도록 하고 양손으로 양쪽의 실을 잡아 팽이를 감아준다.
⑤ 감아준 팽이를 당겼다 오므렸다 하며 팽이가 잘 돌아가게 한다.
⑥ 끈 팽이가 윙윙 소리가 나도록 돌려본다.
⑦ 서로 마주 보고 끈 팽이를 한 명은 가로, 다른 한 명은 세로로 위치를 잡고 팽이가 서로 부딪치게 한다.
⑧ 한쪽의 팽이가 멈추면 이긴다.

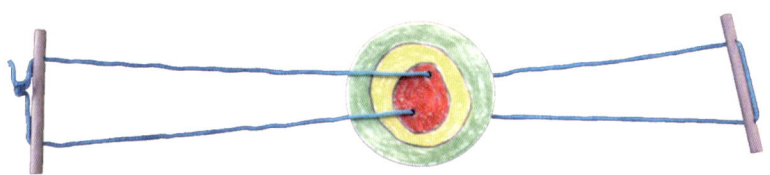

놀이 말기
- 놀이 활동 중 즐거웠던 이야기 나누기
- 마무리 인사하기

도움말
- 자기만의 팽이를 만들 때 다양하게 그릴 수 있도록 한다.
- 놀이 도중에라도 규칙을 계속 이야기한다.
- 민속 팽이놀이는 채를 칠 수 있는 공간을 넓게 주어 다른 친구가 채에 맞지 않도록 주의한다.
- 팽이의 끈을 흔들거나 목에 두르지 않도록 한다.

4. 제기놀이

(1) 제기차기 유래 및 종류

제기차기는 지방에 따라 다르게 불리기도 하는데 태기 차기, 체기 차기, 쪽이 차기 등으로 불리기도 하는데 가장 흔히 쓰이는 말은 '제기차기'이다.

엽전, 동전, 납작 돌, 병뚜껑에 종이나 비닐 한지 천 등을 감싸서 끝을 갈래갈래 찢어서 술을 만들어 제기를 만들기도 한다.

제기 차는 놀이 방법

> 땅강아지, 헐렁이, 양발 차기, 귀 위까지 차기, 물기, 머리에 얹기, 등에 얹기, 거리제기, 뒤꿈치 차기, 동네 제기 등이 있으며 제기 창의 놀이 방법으로 보자기, 풍선, 비닐봉지, 하늘 제기 등을 사용하여 놀이를 하기도 한다.

(2) 제기차기 놀이

- **교육** : 제기차기, 제기치기, 창의 제기 등 제기를 차거나 치면서 노는 놀이
- **목표** : 대근육, 집중력, 조절 능력, 인내력, 협응력, 협동심을 향상시킨다.
- **활동장소** : 교실, 다목적실, 체육관(실내놀이), 운동장
- **인원** : 소·중 모둠(1~25명)
- **대상** : 유치, 초·중·고
- **준비물** : 제기, 하늘 제기, 보자기, 풍선, 비닐봉지, 탁구채 등 칠 수 있는 재료

놀이 열기

- 제기를 만들어 본 적 있나요?
- 제기차기를 해 본 적 있나요?
- 제기놀이는 어디서 봤나요?

놀이 풀기

| 놀이 1 | 제기차기 기본 방법 |

① 제기차기를 하기에 편안한 발부터 정한다.
② 발 안쪽으로 차는 방법으로 한 발은 땅에 딛고 한 발은 제기를 찬다.
③ 줄 제기 ➡ 위치는 무릎 높이에 오도록 하고 한 발은 땅에 딛고 한 발은 제기차기 연습을 한다.
④ 줄 제기가 익숙해지면 줄을 떼고 제기차기 놀이를 한다.

(3) 창의 제기놀이

| 놀이 1 | 도구활용 제기놀이 |

① 도구를 이용하여 손으로 치는 제기놀이
② 탁구채, 배드민턴 채, 얇은 책 등 칠 수 있는 도구를 사용할 수 있다.
③ 제기를 채에 올리고 제기가 수직으로 올라가도록 던지고 채 위에 다시 받는다.
④ ③의 방법을 반복하여 놀이한다.
⑤ 던지고 받기가 익숙해지면 짝을 이루어 주고받기 놀이를 한다.

| 놀이 2 | 하늘 제기놀이 |

① 일반 제기와 다른 하늘 제기의 모습을 관찰해보고 특징을 찾아본다.
② 여러 가지 채의 종류를 준비해서 하늘 제기를 하늘 높이 올려서 쳐준다.
③ 개인전으로 4인 토너먼트 놀이로 진행해 최후의 1인을 선정한다.

놀이 3 ▶ 보자기 제기놀이

① 보자기 크기에 따라 2인에서 단체까지 가능하며 제기를 많이 칠수록 재미있는 놀이이다.
② 2~4인 보자기는 보자기 모서리 끝을 잡고 박자를 지켜가며 제기를 올리고 받는 협동놀이다.
③ 8~10인 보자기놀이는 양 팀으로 나누어 진행한다.
④ 20인 이상이 한 팀으로 하는 보자기놀이는 협동이 중요함을 알고 놀이를 한다.

놀이 4 ▶ 풍선 제기놀이

① 풍선을 불어서 손이나 도구를 이용하여 치는 놀이이다.
② 풍선 치기 놀이는 1인이나 팀전으로 할 수 있다.
③ 풍선 치기는 풍선이 바닥에 떨어지지 않게 하는 놀이이다.
④ 풍선을 치면서 반환점 돌아오기, 둘이서 주고받기 놀이, 여러 명이 원을 만들어 주고받기 등의 놀이를 한다.
⑤ 원으로 주고받기 놀이에서 참여자 모두가 손을 잡고 풍선이 가까이 왔을 때 옆 사람과 잡은 손으로 함께 치는 협동 풍선놀이 방법으로 진행할 수 있다.
⑥ ⑤놀이를 앉아서도 진행할 수 있다.(엉덩이가 땅에서 떨어지지 않게 한다.)

놀이 5 ▶ 비닐봉지 제기놀이

① 비닐봉지에 공기를 넣어 풍선처럼 만들어 준다.
② 비닐봉지 제기를 손이나 발로 치거나 차면서 놀이한다.
③ 비닐봉지 제기가 바닥에 떨어지지 않게 하는 놀이다.
④ 비닐봉지 제기를 치면서 반환점 돌아오기, 둘이서 주고받기 놀이를 한다.

놀이 말기
- 놀이 도중 즐거웠던 이야기 나누기
- 마무리 인사하기

도움말
- 다양한 도구를 이용하여 제기를 만들어 놀이를 할 수 있도록 한다.
- 제기 도구를 이용할 때 항상 안전을 위해서 꼭 이야기해 준다.
- 제기가 다른 사람에게 맞지 않게 주의한다.

메모

5 | 연놀이

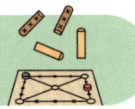

(1) 연 유래 및 종류

우리나라의 대표적인 연은 방패연이다. 요즘은 주로 방패연, 가오리연과 함께 천을 이용하여 용, 독수리, 고래 등 다양한 모양으로 연을 만들어 날린다.

(2) 연놀이

- **교육** : 연을 만들어 날리는 놀이
- **목표** : 소근육. 대근육. 집중력을 향상시킨다.
- **활동장소** : 교실. 운동장
- **인원** : 소모둠(1~20명)
- **대상** : 유치. 초.중.고
- **준비물** : 방패. 가오리연. 색연필. 사인펜

놀이 열기

- 연을 만들어 본 적 있나요?
- 연을 날리기에 가장 좋은 날씨는 언제일까요?
- 연 모양으로 어떤 걸 본 적 있나요?

놀이 풀기

놀이 1 ▶ 연 날리는 방법

① 연은 바람이 있는 날에 연을 날려야 한다.
② 연은 바람이 흐르는 방향으로 띄워 바람을 최대한 이용해야 한다.
③ 연줄을 팽팽하게 당겨야 연을 자유롭게 조정할 수 있다.
④ 바람에 흐름과 방향에 따라 얼레를 풀거나 감아서 조정을 한다.
⑤ 바람에 따라 손을 이용하여 실을 잡고 당김을 하여 조정한다.

놀이 2 ▶ 천을 활용한 가오리연 만들기

① 주제를 정하고 천 가오리연에 그림이나 글씨로 표현한다.

② 표현한 그림이나 글씨에 대하여 이야기 나누기를 할 수 있다.

③ 살과 얼레(실)을 이용하여 연을 연결한다.

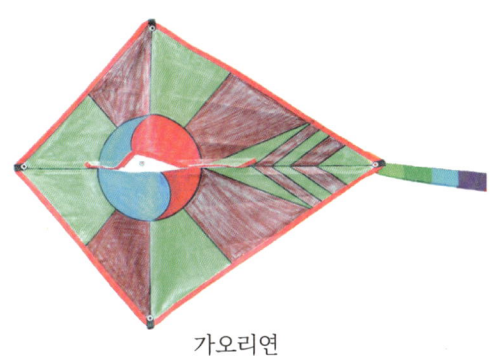

가오리연

방패연

놀이 말기

- 놀이 활동 중 즐거웠던 이야기 나누기
- 마무리 인사하기

도움말

- 연에 그림을 그릴 때에는 창의적 표현이 가능하도록 유도한다.
- 바람의 중요성을 설명해 주고 잘 날지 않는 연에 친구들이 실망하지 않도록 유의한다.

6 죽방놀이

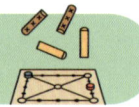

(1) 죽방 유래 및 종류

예전 죽방울놀이는 줄 위에 장구 모양으로 생긴 도구를 올려 하늘 위로 던지고 받는 놀이이다.

요즘에는 재활용을 활용한 컵 죽방울, 계란 판 죽방울, 페트병 죽방울에 솔방울, 뽕뽕이, 클레이 등을 달아서 던지고 받는 놀이를 한다.

(2) 죽방놀이

- **교육** : 죽방을 만들어 던지고 받는 놀이 활동
- **목표** : 소근육. 대근육. 집중력. 민첩성을 향상시킨다.
- **활동장소** : 교실. 다목적실. 체육관
- **인원** : 소모둠(1~20명)
- **대상** : 유치. 초.중.고
- **준비물** : 종이컵. PP컵. PS컵. 계란판. 나무젓가락. 털 끈. 솔방울. 뽕뽕이. 대. 투명테이프

놀이 열기

- 죽방울 놀이는 들어 보셨나요?
- 어떻게 노는 놀이일까요?

놀이 풀기

놀이 1 ▶ 죽방 만들기

① 컵에 그림을 그린다.(종이컵, PP컵, PS컵, 계란판 등 사용 가능)
② 나무젓가락에 색 테이프 감는다.
③ 색 테이프 감은 나무젓가락과 컵을 연결한다.
④ 나무젓가락 앞쪽 부분에 털실을 연결한다.
⑤ 털실 반대쪽에 솔방울. 사탕. 뽕뽕이 등 연결한다.

놀이 2 ▶ 죽방놀이

① 죽방을 던지는 연습을 한다.

② 컵 속으로 쏘~~옥 넣으면 성공이다.

③ 팀으로 나누어 10번 중 많이 넣은 팀이 이긴다.

④ 시간을 정하여 개인전도 가능하다.

놀이 말기

- 놀이 활동 중 즐거웠던 이야기 나누기
- 마무리 인사하기

도움말

- 놀이 연령에 따라 죽방의 끈 길이를 다르게 하여도 좋다.
- 죽방을 넣을 수 있도록 놀이 전에 충분히 연습을 하도록 한다.
- 놀이 도중에라도 규칙을 계속 이야기한다.

Ⅳ. 전통 전래놀이 2

1. 실뜨기놀이
(1) 실뜨기놀이 유래 및 종류
(2) 실뜨기놀이
  ① 기본 실뜨기놀이
  ② 창의 실뜨기놀이
  ③ 인지 실뜨기놀이
  ④ 실꾸리 감아라.

2. 산가지놀이
(1) 산가지놀이 유래 및 종류
(2) 산가지놀이
  ① 대산가지놀이
  ② 대산가지 떼기 놀이
  ③ 대산가지 떼기 & 연산놀이
  ④ 대산가지 쌓기 놀이
  ⑤ 소산가지놀이
  ⑥ 대·소 산가지놀이
  ⑦ 대산가지 모양 만들기 놀이

3. 칠교놀이
(1) 칠교놀이 유래 및 종류
(2) 칠교놀이
  ① 칠교 만들기(색종이활용)
  ② 칠교 활동 놀이(도형)

4. 탈피리놀이
(1) 탈피리놀이 유래 및 종류
(2) 탈피리놀이
  ① 탈피리 만들기
  ② 창의 탈피리 만들기
  ③ 탈피리놀이

5. 풀피리놀이
(1) 풀피리놀이 유래 및 종류
(2) 풀피리놀이
  ① 풀피리 만들기
  ② 풀피리놀이

1 | 실뜨기놀이

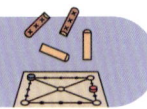

(1) 실뜨기놀이 유래 및 종류

　실이나 털실, 노끈의 양 끝을 서로 연결하여 두 손에 걸고, 두 사람이 주고받으면서 여러 모양을 만들며 노는 놀이다. 실이나 노끈은 주위에서 쉽게 구할 수 있기 때문에 어디서든지 간단히 즐길 수 있는 놀이이다.

　둘이서 하는 실뜨기가 우리나라에서는 일반적이며, 혼자서 하는 방법도 있다.

(2) 실뜨기놀이

- **교육** : 실을 사용하여 여러 가지 모양을 만들며 노는 놀이
- **목표** : 소근육. 집중력. 협응력. 협동심을 향상시킨다.
- **활동장소** : 교실. 다목적실
- **인원** : 소모둠(1~20명)
- **대상** : 유치. 초.중.고
- **준비물** : 실뜨기 실. 고리(링)

놀이 열기

- 실뜨기놀이를 해보았나요?
- 실로 모양을 만들어 보았나요?
- 실뜨기 모양에도 이름이 있는 걸 알고 있나요?
- 흰색 명주실을 본 적 있나요?

놀이 풀기

놀이 1 ▶ 기본 실뜨기놀이

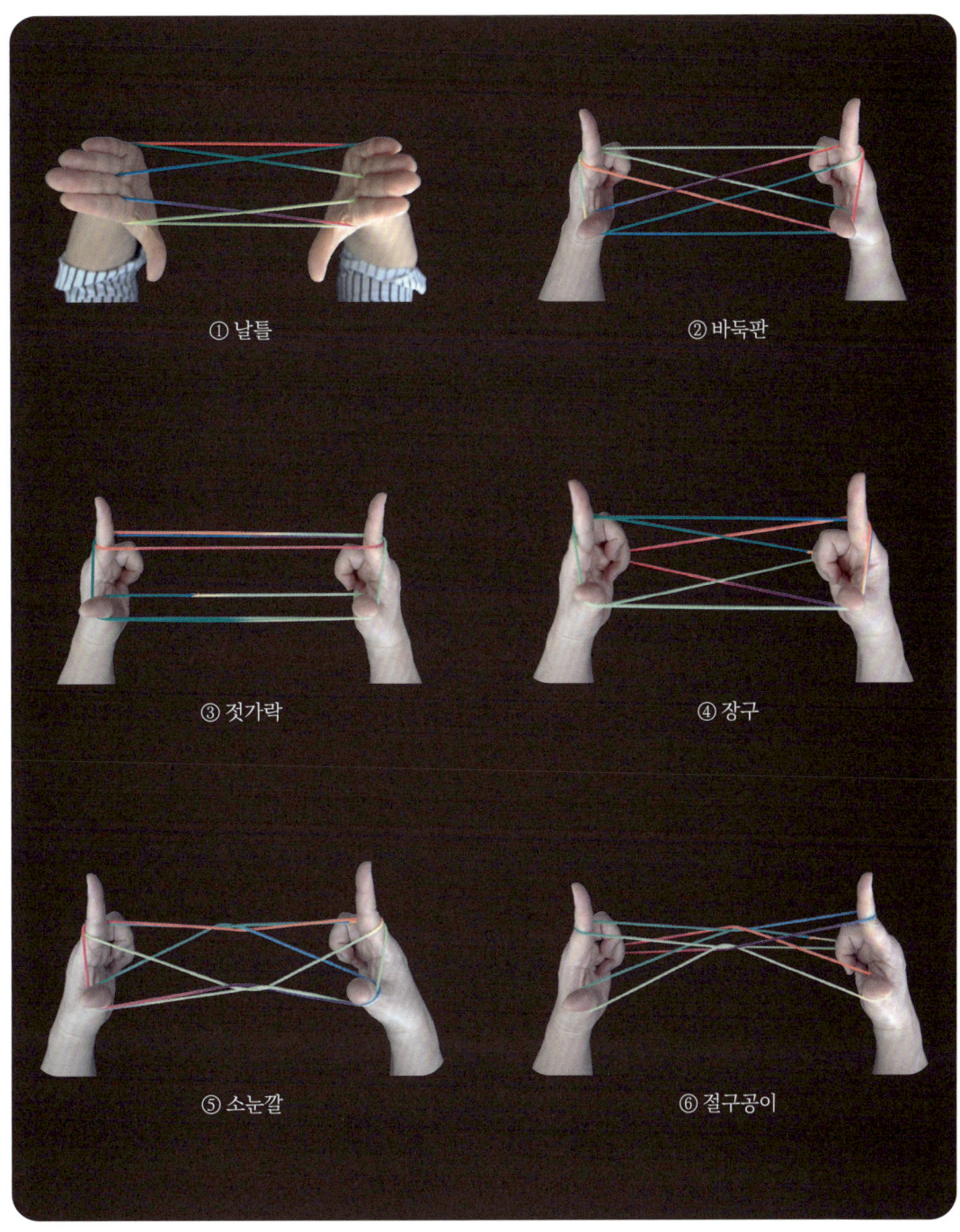

① 날틀　　②바둑판　　③ 젓가락　　④ 장구　　⑤ 소눈깔　　⑥ 절구공이

놀이 2 ▶ 창의 실뜨기놀이

① 기와집 ▶ 토끼 ▶ 에펠탑 ▶ 목걸이

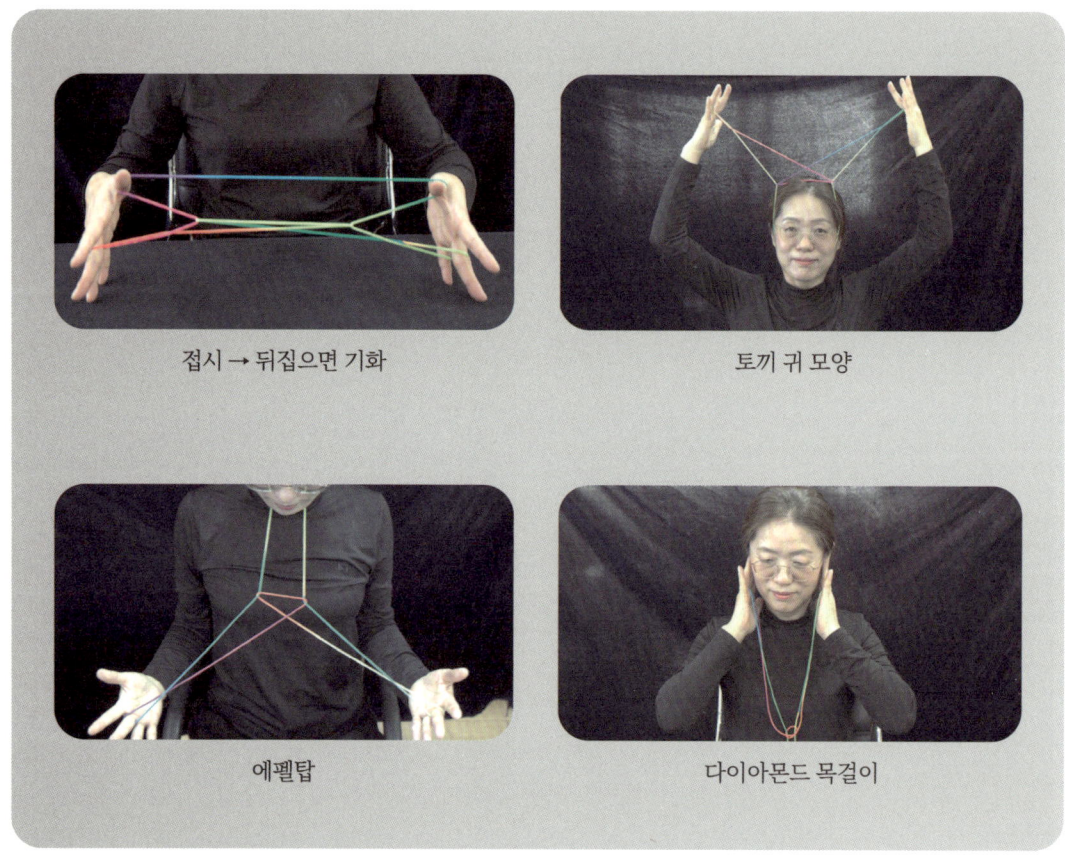

접시 → 뒤집으면 기와

토끼 귀 모양

에펠탑

다이아몬드 목걸이

② 고양이 수염

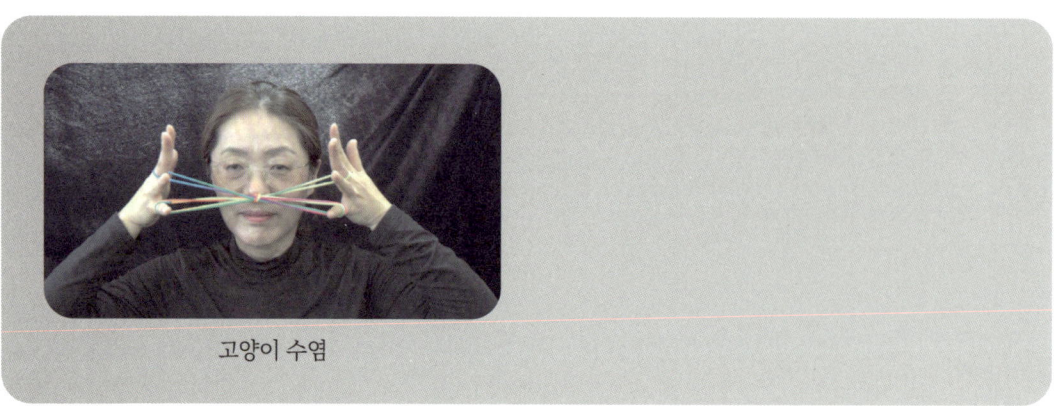

고양이 수염

③ 실 엮음 ▶ 한 번에 풀기

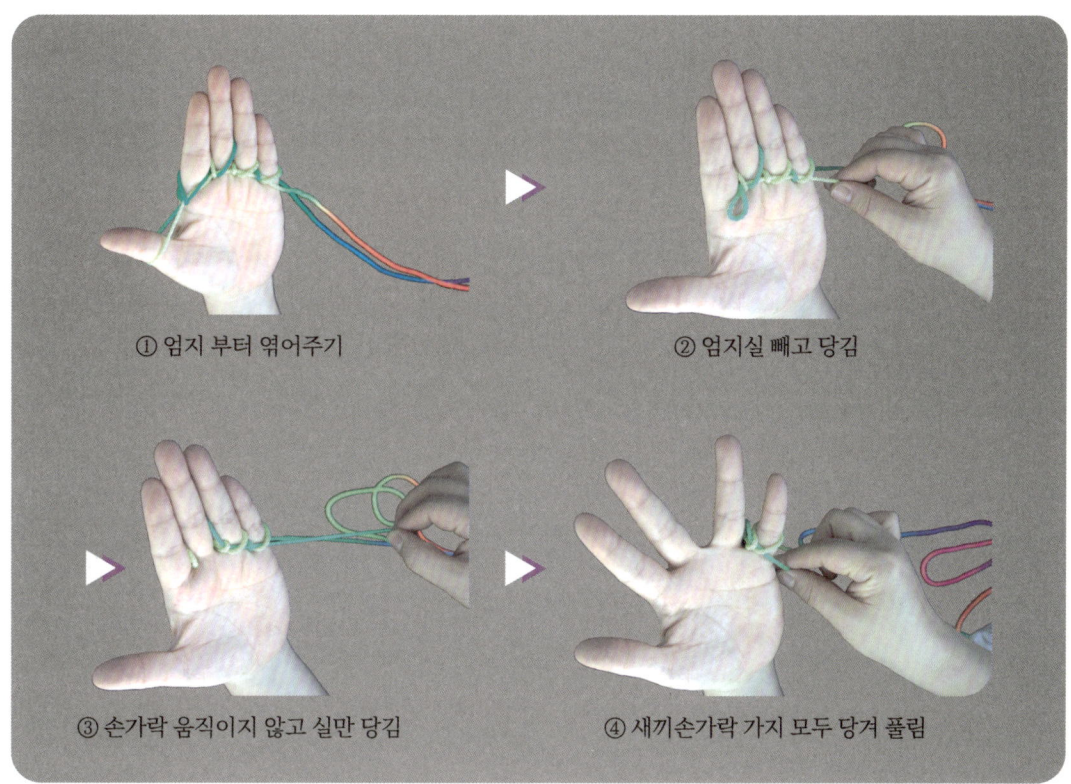

① 엄지 부터 엮어주기
② 엄지실 빼고 당김
③ 손가락 움직이지 않고 실만 당김
④ 새끼손가락 가지 모두 당겨 풀림

놀이 3 ▶ **인지 실뜨기놀이**

① 실을 활용하여 인지 놀이 모양, 숫자 등 만들기
② 2개의 실을 이용하여 글자도 만들어 본다.
③ 팀 빌딩 여러 실을 이용하여 주제의 작품을 만들기
④ 실 숫자 / 모양 만들기

놀이 4 ▶ **실꾸리 감아라**

① 실꾸리 노래
   실꾸리 감아라. 명주 꾸리 감아라.
   실꾸리 풀어라. 명주 꾸리 풀어라.
② 노래를 익히며 손동작을 배운다.
③ 실과 실패를 이용하여 감아 본다.

놀이 맡기
- 놀이 활동 중 즐거웠던 이야기 나누기
- 마무리 인사하기

도움말
- 실뜨기 실을 목에 걸지 않도록 한다.
- 실뜨기 연습을 충분히 할 수 있도록 한다.

2 산가지놀이

(1) 산가지놀이 유래 및 종류
주변에서 쉽게 구할 수 있는 나뭇가지 크기에 따라 대산가지, 소산가지를 나누어 연산 놀이를 하거나 쌓기, 떼어내기, 가지 형태 꾸미기 등의 놀이를 하였다.

(2) 산가지놀이
- **교육** : 나뭇가지를 활용하여 노는 놀이
- **목표** : 소근육. 창의력. 집중력. 협동심을 향상시킨다.
- **활동장소** : 교실. 다목적실
- **인원** : 소모둠(2~6명)
- **대상** : 유치. 초.중.고
- **준비물** : 대산가지. 소산가지

놀이 열기
- 옛날에는 나뭇가지를 어디에서 구했을까요?
- 나뭇가지로 어떤 놀이를 할 수 있을까요?
- 옛날에는 수학을 어떻게 공부했을까요?

놀이 풀기

놀이 1 ▶ 대산가지놀이

① 나무젓가락 10개씩 나눠준다.
② 나무젓가락 위에 그림이나 색을 칠한다.
③ 나무젓가락을 반으로 나눠준다.

놀이 2 ▶ 대산가지 떼기 놀이

① 2~6명 모둠으로 나눈다.(원 모둠 또는 책상 모둠)
② 산가지 떼기 놀이 순서를 정한다.
③ 1번 친구는 산가지를 모두 세로로 잡고 정중앙에 산가지 잡은 손을 놓는다.
④ 1번 친구부터 산가지를 1개씩 떼어낸다.
⑤ 산가지를 떼어 내다가 다른 산가지가 움직이면 가져갈 수 없다.
   (다음 친구에게 넘어간다.)
⑥ 바닥에 있는 모든 산가지를 가져가면 가져온 산가지 개수를 확인한다.
⑦ 1등 순서대로 자리를 바꾸어 앉아서 다시 시작한다.

놀이 3 ▶ 대산가지 떼기 & 연산 놀이

① 5가지 색깔 대산가지를 준비한다.
   (나무젓가락인 경우는 다섯 가지 색으로 끝부분만 칠한다.)
② 각각의 산가지 색에 점수를 정한다.
③ 산가지 떼기 놀이 순서를 정한다.
④ 1번 친구는 산가지를 모두 세로로 잡고 정중앙에 산가지 잡은 손을 놓는다.
⑤ 1번 친구부터 산가지를 1개씩 떼어낸다.
⑥ 산가지를 떼어 내다가 다른 산가지가 움직이면 가져갈 수 없다.
   (다음 친구에게 넘어간다.)
⑦ 바닥에 있는 모든 산가지를 가져가면 연산을 시작한다.
⑧ 연산 계산이 끝나면 1등 순서대로 자리를 바꾸어 앉아서 다시 시작한다.

놀이 4 ▶ 대산가지 쌓기 놀이

① 다섯 가지 색깔 대산가지를 나눈다.
② 사각 우물 모양으로 쌓기를 한다.
③ 한 사람이 한 가지 색을 가지고 있어야 한다.
④ 가지고 있는 대산가지를 우물 모양으로 모두 쌓아야 한다.
⑤ 팀원 모두 다섯 가지 색을 쌓으면 성공한다.
⑥ 모양은 삼각형, 별 모양, 오각형, 육각형 등 다양하게 할 수 있다.

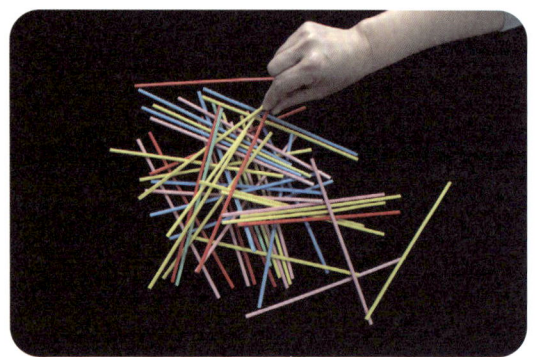 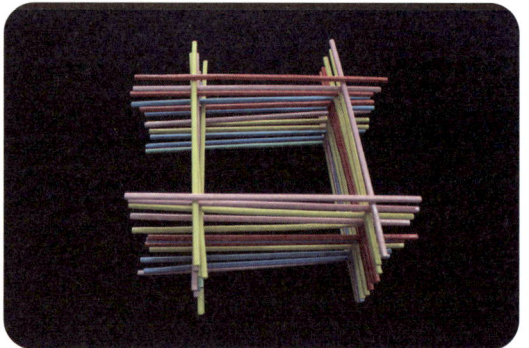

놀이 5 ▶ 소산가지놀이

① 일곱 가지 색의 소산가지를 빠르게 나눈다.(팀 대항전의 경우)
② 소산가지 색을 이용하여 이름, 단어 만들기 놀이를 한다.
③ 나누어진 소산가지 색으로 과일 등 틀에 넣기 놀이를 한다.
④ 팀빌딩 놀이로 주제에 맞게 소산가지를 이용하여 만들기 활동을 한다.

놀이 6 ▶ 대·소 산가지놀이

① 팀은 4~7명으로 한다.
② 사각 우물 모양으로 쌓기를 한 후에 소산가지를 우물에 넣어준다.(우물 쌓기는 5단이 적당하다.)
③ 우물에 넣은 소산가지를 팀원들은 대산가지로 젓가락질을 하여 지정된 색깔의 소산가지를 5초 안에 많이 꺼내기 놀이를 한다.
④ 색깔 소산가지가 다 꺼내지면 놀이는 끝난다.
⑤ 놀이가 끝난 후 색깔 소산가지를 누가 가장 많이 가져왔는지 개수를 확인한다.
⑥ 놀이 도중 우물 모양이 무너지면 놀이가 끝난다.

놀이 7 ▶ 대산가지 모양 만들기 놀이

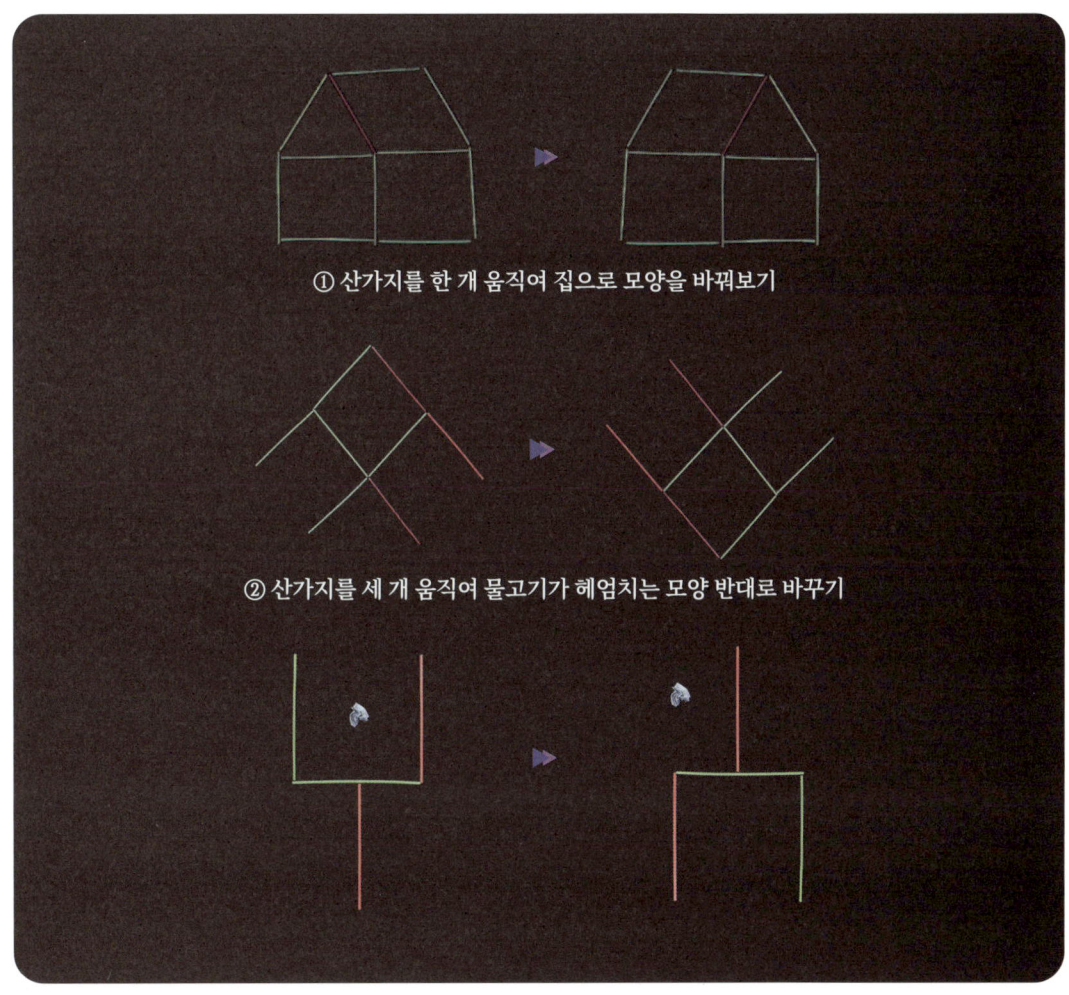

놀이 말기
- 놀이 활동 중 즐거웠던 이야기 나누기
- 마무리 인사하기

도움말
- 산가지를 부러뜨리지 않도록 이야기해 준다.
- 산가지를 친구들이 정리하는 시간을 충분히 주도록 한다.
- 놀이 도중에라도 규칙을 계속 이야기한다.

메모

3. 칠교놀이

(1) 칠교놀이 유래 및 종류
정사각형의 7가지의 조각을 내어 칠교를 만들어 여러 가지 도형, 모양, 숫자 등을 만들어서 노는 놀이이다.

(2) 칠교놀이
- **교육** : 일곱 가지 조각을 활용한 놀이
- **목표** : 소근육. 창의력. 집중력. 협동심을 향상시킨다.
- **활동장소** : 교실. 다목적실
- **인원** : 소모둠(2~6명)
- **대상** : 유치. 초.중.고
- **준비물** : 칠교. 색종이. 가위

놀이 열기
- 칠교의 도구는 어떤 것으로 사용했을까요?
- 일곱 가지 조각에 명칭은 무엇일까요?
- 일곱 가지 조각 중 2개를 이용하여 도형을 만들어 볼까요?

놀이 풀기

놀이 1 ▶ 칠교 만들기(색종이 활용)

① 색종이 도안 접기
② 색종이 도안 오리기
③ 사진 참고

놀이 2 ▶ 칠교 활동 놀이(도형)

① 색 칠교를 이용하여 정사각형 맞추기 활동
② 도안을 보고 만들기 활동
③ 색과 선이 모두 보이는 도안을 활용하여 칠교 활동
④ 색과 선이 없는 도안을 보고 칠교 활동
⑤ 시간을 정해서 도안을 보여주고 만들게 한다.
⑥ 숫자 칠교
⑦ 칠교 모양

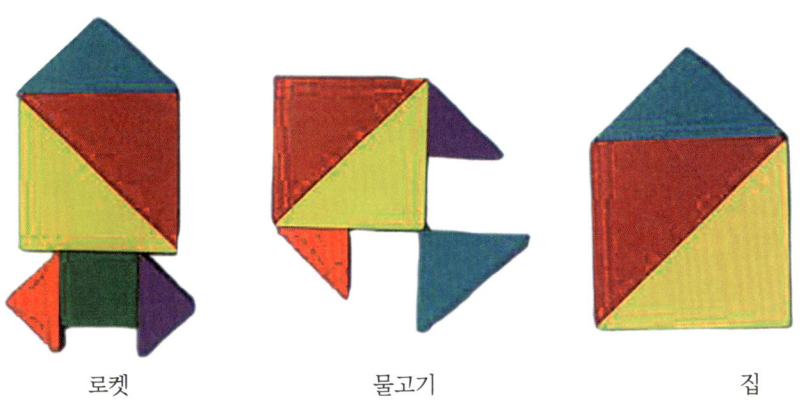

로켓   물고기   집

놀이 말기
- 놀이 활동 중 즐거웠던 이야기 나누기
- 마무리 인사하기

도움말
- 나무 칠교를 사용할 때는 책상에 부딪혀 소리가 나므로 천이나 펠트지를 깔고 하면 좋다.
- 칠교 모양을 보여주고 맞추기를 할 때 연령에 따라 보여주는 시간을 조절하도록 한다.
- 일곱 가지 모양을 다 이용하지 않고도 모양을 만들어 창의적인 시간을 갖도록 한다.

4 | 탈피리놀이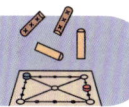

(1) 탈피리놀이 유래 및 종류

탈춤은 탈을 쓰고 노는 전통적인 가면극으로 지역별로 여러 종류의 탈춤놀이가 만들어졌다. 탈의 종류로는 양반탈, 각시탈, 이매탈, 할미탈 등이 있다.

(2) 탈피리놀이

- **교육** : 탈의 그림과 코끼리 피리를 이용하여 음률에 맞춰서 노는 놀이
- **목표** : 소근육. 집중력. 음률. 협동심을 향상시킨다.
- **활동장소** : 교실. 다목적실
- **인원** : 소모둠(1~20명)
- **대상** : 유치. 초.중.고
- **준비물** : 탈 도안. 색연필. 사인펜. 가위. 풀. 스카치테이프. 코끼리 피리

놀이 열기

- 탈춤놀이를 본 적 있나요?
- 알고 있는 탈의 이름 있나요?
- 탈을 보면 어떤 느낌이 드나요?

놀이 풀기

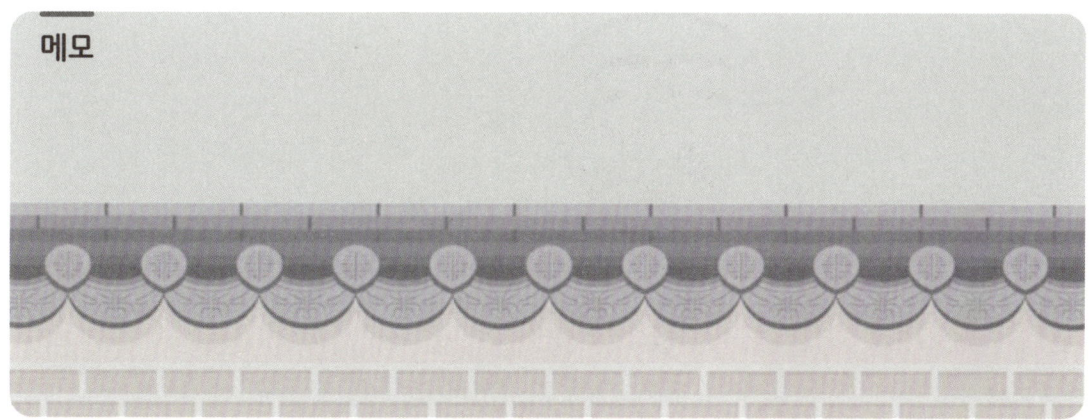

메모

놀이 1 ▶ 탈피리 만들기

① 탈 도안을 오린다.
② 탈 도안을 색칠한다.
③ 입 중앙에 십자 모양(+)으로 칼집을 낸다.
④ 코끼리 피리를 칼집 낸 곳에 앞으로 꽂아 뒤에서 테이핑을 한다.

탈 코끼리 피리

놀이 2 ▶ 창의 탈피리 만들기

① 두꺼운 색지에 자유롭게 그림을 그린다.
② 자유롭게 그린 그림 위에 색칠을 한다.
③ 입 중앙에 십자 모양(+)으로 칼집을 낸다.
④ 코끼리 피리를 칼집 낸 곳에 앞으로 꽂아 뒤에서 테이핑을 한다.

탈 코끼리 피리 & 창의탈 피리

놀이 3 ▶ 탈피리놀이

① 만든 탈을 양쪽으로 잡고 코끼리 피리를 불면서 좌. 우 흔들어 보는 연습을 한다.
② 모두 함께 노래를 연주한다.(나비야, 곰 세 마리, 작은 별 등)
③ 동물농장 음원에 맞추어 동물 소리가 나면 피리를 분다.
④ 친구 중 한 명이 만든 탈 피리를 연주하면 나머지 친구들이 소리 듣고 노래를 맞추어 본다.

놀이 말기
- 놀이 활동 중 즐거웠던 이야기 나누기
- 마무리 인사하기

도움말
- 탈의 모양을 다양하게 그리고 색칠할 수 있도록 유도한다.
- 피리를 부는 시간이 아닌 시간에 피리를 불지 않도록 이야기한다.
- 놀이 도중에라도 규칙을 계속 이야기한다.

메모

5 풀피리놀이

(1) 풀피리놀이 유래 및 종류

풀피리는 나뭇잎으로 만든 일종의 간이 피리다. 경기도 무형문화제 38호이다.

풀피리는 버드나무 잎, 갈대나무 잎, 원추리 잎처럼 두께가 두껍거나 넓은 잎들이 주로 풀피리로 사용된다. 또한 버드나무 줄기도 풀피리로 사용했다.

(2) 풀피리놀이

- **교육 :** 도구를 이용 피리를 만들어 연주하는 놀이
- **목표 :** 소근육. 집중력. 음률/ 협동심을 향상시킨다.
- **활동장소 :** 교실, 다목적실
- **인원 :** 소모둠(1~20명)
- **대상 :** 유치. 초.중.고
- **준비물 :** 아이스크림 막대 2개. 두꺼운 고무줄 1개. 얇은 고무줄 2개, 2cm 빨대 2개. 나뭇잎 스티커(대 2개. 소 2개)

놀이 열기

- 풀피리를 알고 있나요?
- 풀을 사용하여 소리를 내어 본 적 있나요?

놀이 풀기

놀이 1 ▶ 풀피리 만들기

① 아이스크림바 1개에 가장 두꺼운 고무줄을 세로로 끼운다.
② 빨대 1개를 두꺼운 고무줄 사이에 끼운다.(아이스크림바 끝에서 2cm 안으로 끼운다.)
③ 다른 빨대 1개는 고무줄 위에 올린다.(반대편 아이스크림바 끝에서 2cm 안으로 올린다.)
④ ③에 상태에서 나머지 아이스크림바 1개를 위에 올린다.
⑤ 가는 고무줄로 양쪽을 묶어 준다.
⑥ 묶은 고무줄 위에 같은 모양의 나뭇잎 스티커를 앞. 뒤로 붙인다.

| 놀이 2 | 풀피리놀이 |

풀피리 재료

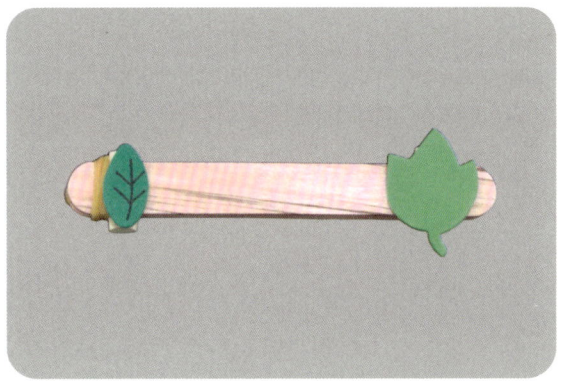
풀피리 완성

① 풀피리 소리가 나도록 연습을 한다.
② 모두 함께 노래를 연주한다.(나비야, 곰 세 마리, 작은 별 등)
③ 동물농장 음원에 맞추어 동물 소리가 나면 피리를 분다.(다른 노래로도 연주 가능)
④ 친구 중 한 명이 만든 풀피리를 연주하면 나머지 친구들이 소리 듣고 노래를 맞추어 본다.

놀이 말기
- 놀이 활동 중 즐거웠던 이야기 나누기
- 마무리 인사하기

도움말
- 피리를 만들 때 충분한 시간을 갖고 설명을 하고 만들도록 한다.
- 피리를 부는 시간이 아닌 시간에 피리를 불지 않도록 이야기한다.
- 놀이 도중에라도 규칙을 계속 이야기한다.

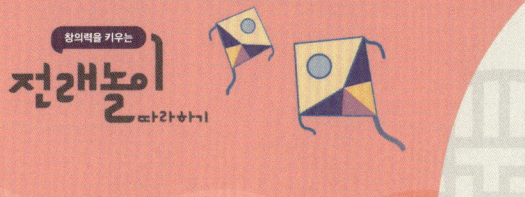

Ⅴ. 동네 전래놀이

1. 구슬치기놀이
(1) 구슬치기놀이 유래 및 종류
(2) 창의 병뚜껑 구슬치기놀이
　① 병뚜껑 구슬치기 기본 방법
　② 병뚜껑 구슬치기Ⅰ(땅바닥놀이)
　③ 병뚜껑 구슬치기Ⅱ(책상놀이)
　④ 병뚜껑 삼각형놀이
　⑤ 병뚜껑 벽치기놀이

2. 비사치기놀이
(1) 비사치기놀이 유래 및 종류
(2) 창의 비사치기놀이
　① 나만의 비사 만들기
　② 비사치기 기본 놀이
　③ 창의 비사치기놀이

3. 사방치기놀이
(1) 사방치기놀이 유래 및 종류
(2) 창의 사방치기놀이
　① 사방치기 기본
　② 창의 비행기 사방치기놀이
　③ 창의사방치기 땅따먹기놀이Ⅰ
　④ 창의 사방치기 땅따먹기놀이Ⅱ

4. 망차기놀이
(1) 망차기놀이 유래 및 종류
(2) 망차기놀이
　① 4밭 망차기놀이
　② 창의 밭 망차기놀이

5. 고무줄놀이
(1) 고무줄놀이 유래 및 종류
(2) 고무줄놀이
　① 한 줄 고무줄놀이
　② 두 줄 고무줄놀이
　③ 삼각 고무줄놀이
　④ 고무줄놀이 노래

6. 딱지치기놀이
(1) 딱지치기놀이 유래 및 종류
(2) 딱지놀이
　① 우유 팩 딱지 만들기
　② 우유 팩 딱지놀이(종이 딱지놀이)
　③ 그림 딱지놀이(카드 딱지)
　④ 창의 우유 팩 딱지놀이
　⑤ 뻥딱지 만들기

7. 공기놀이
(1) 공기놀이 유래 및 종류
(2) 공기놀이
　① 다섯 알 기본 공기놀이
　② 많은 공기놀이
　③ 코끼리 공기놀이
　④ 기차 공기놀이
　⑤ 창의 공기놀이
　　(나무 공기, 블록 공기)

1 | 구슬치기놀이

(1) 구슬치기놀이 유래 및 종류

동그란 모양의 자갈, 도토리, 흙으로 만들어서 놀았으며, 근대에 오면서 유리, 사기, 쇠 등에 의해 만들어진 구슬을 사용하여 놀았다.

놀이 종류로는 구멍에 넣기, 알 까기, 벽치기, 홀짝 등의 놀이가 있다.

현대에 와서는 학교놀이 중 유리구슬, 쇠구슬이 안전상의 이유로 사용이 어려워 병뚜껑이나 구슬을 대신할 수 있는 다른 도구를 사용하여 구슬치기를 한다.

(2) 창의 병뚜껑 구슬치기놀이

- **교육** : 병뚜껑을 이용한 구슬치기놀이
- **목표** : 소근육. 집중력. 조절 능력. 협응력을 향상시킨다.
- **활동장소** : 교실. 다목적실. 체육관(실내놀이)
- **인원** : 소.중 모둠(2~25명)
- **대상** : 유치. 초.중.고
- **준비물** : 병뚜껑. 종이테이프. 병뚜껑 담는 통(재활용 활용)

놀이 열기

- 유리구슬이나 쇠구슬을 본 적 있나요?
- 구슬치기를 해 본 적 있나요?
- 실내에서 구슬을 대신해서 사용할 수 있는 도구는 무엇이 있을까요?

놀이 풀기

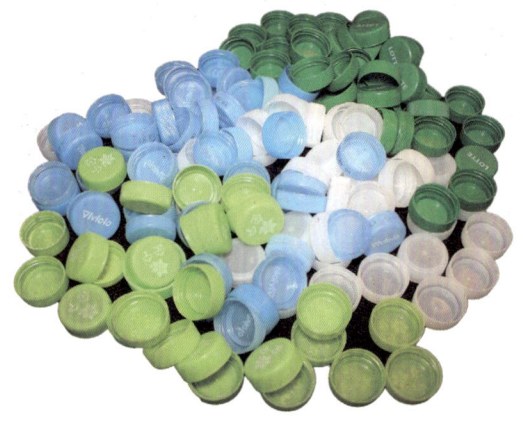

놀이 1 ▶▶ 병뚜껑 구슬치기 기본 방법

① 엄지손가락 끝으로 다른 손가락 안쪽으로 힘주어 눌렀다가 놓음으로써 구슬치는 방법을 알아본다.
② 구슬을 치지 않는 한 손은 손바닥은 피고 구슬 치는 손가락으로 손바닥을 쳐서 여러 손가락 중 힘이 센 손가락을 알아본다.
③ 병뚜껑을 주고 가장 힘센 손가락을 찾는다.

놀이 2 ▶▶ 병뚜껑 구슬치기 Ⅰ (땅바닥 놀이)

① 양 팀으로 나눈다.
② 바닥에 일정한 간격을 두고 선을 양쪽으로 그려 놓는다.(거리가 멀면 난이도가 높다.)
③ 양 팀이 선 바깥쪽으로 마주 보고 안도록 한다.
④ 한 팀에게 병뚜껑을 나누어 주고 선 위에 올린 후 마주한 상대팀에게 가도록 튕겨본다.
⑤ 반대 팀도 같은 방법으로 튕겨본다.
⑥ 상대팀 선을 넘는 병뚜껑의 개수가 몇 개인지 확인해 본다.

놀이 3 ▶▶ 병뚜껑 구슬치기 Ⅱ (책상놀이)

① 양 팀으로 나눈다.
② 책상의 양쪽 끝에 선을 그려 놓는다.
③ 팀원 한 명씩 나와서 양쪽 끝에 선다.
④ 선위에 병뚜껑으로 5개 정도 올려놓는다.
⑤ 가위바위보로 우선순위를 정한다.

⑥ 이긴 팀이 상대방의 병뚜껑을 맞춰서 튕겨낸다.
⑦ 상대방의 모든 병뚜껑을 튕겨내면 된다.

놀이 4 ▶ 병뚜껑 삼각형놀이

① 바닥에 삼각형을 그린다.(종이테이프. 절연테이프)
② 양 팀 병뚜껑을 삼각형 속에 넣어준다.(약 5~10개)
③ 양 팀원은 시작 선에서 삼각형 속에 있는 상대편 병뚜껑을 튕겨서 삼각형 밖으로 밀어낸다.
④ 양 팀원 한 명씩 번갈아 가며 진행한다.
⑤ 병뚜껑이 마지막까지 한 개라도 남아 있으면 승리한다.
⑥ 또는 삼각형 속의 병뚜껑마다 점수를 정해 튕겨나간 병뚜껑 점수를 합하여 순위를 정하여 놀이를 진행하는 방법도 있다.
⑦ 반대로 삼각형 안에 병뚜껑을 튕겨서 집어넣는 방법으로 놀이를 하기도 한다.

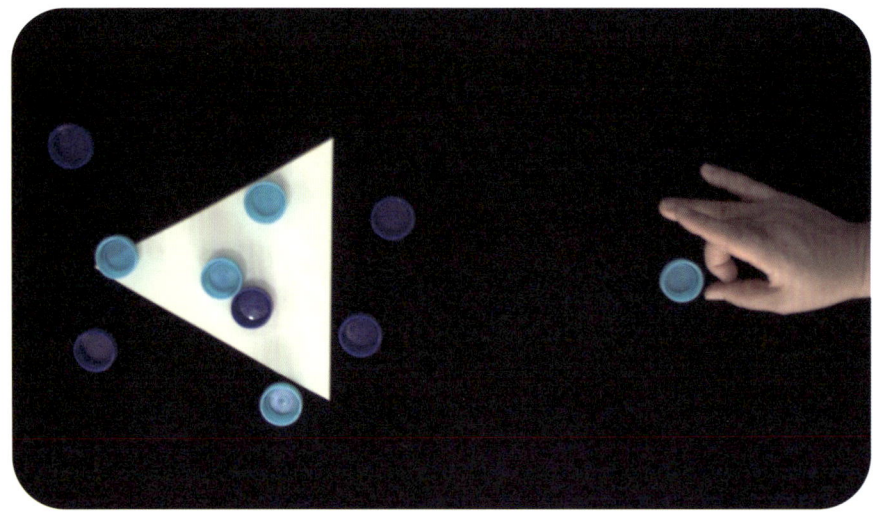

놀이 5 ▶ 병뚜껑 벽치기놀이

① 병뚜껑을 벽에 쳐서 멀리 날아가게 한다.
② 팀별로 색이 다른 병뚜껑을 준비한다.
③ 병뚜껑을 벽에 치기 위해서는 꼭 시작 선을 그려준다.
④ 직각선 위에서 벽을 향해 병뚜껑을 친다.

놀이 말기

- 놀이 활동 중 즐거웠던 이야기 나누기
- 마무리 인사하기

도움말

- 재활용으로 할 수 있는 놀잇감을 찾아서 집에서도 할 수 있게 지도한다.
- 병뚜껑을 던지지 않도록 주의한다.
- 벽치기 병뚜껑놀이를 할 때는 튕겨 나간 병뚜껑에 맞지 않도록 거리를 두고 놀이한다.

메모

2 비사치기놀이

(1) 비사치기놀이 유래 및 종류

납작한 돌이나 나뭇조각 등을 세워놓고 돌이나 나뭇조각을 던져서 쓰러뜨리는 놀이이다. 사용하는 도구 종류에 따라 지역마다 비사치기, 망까기, 목자치기, 비석치기라고 하였다.

(2) 창의 비사치기놀이

- **교육** : 나무에 그림을 그려 나만의 비사치기놀이 도구를 만들고 노는 놀이
- **목표** : 신체활동. 창의력. 집중력. 협동심을 향상시킨다.
- **활동장소** : 교실. 다목적실. 체육관. 운동장
- **인원** : 소모둠(1~20명)
- **대상** : 유치. 초.중.고
- **준비물** : 비사. 색연필. 네임펜. 매직. 뽀글이 모루. 하비볼 클레이. 글루건

놀이 열기

- 비사치기놀이를 하려면 어떤 도구를 사용하면 좋을까요?
- 한발뛰기를 잘하나요?
- 비사치기, 사방치기놀이를 해본 적 있나요?

놀이 풀기

놀이 1 ▶▶ 나만의 비사 만들기

① 나무 앞면과 뒷면 나의 행복한 표정과 슬픈 표정을 표현한다.(눈, 코, 입)
② 나만의 비사에 색연필, 네임펜, 매직 등을 이용하여 색칠하고 표정을 그려준다.
③ 나만의 비사에 뽀글이 모루를 이용하여 머리카락을 붙여준다.
④ 나만의 비사 표정을 서로 이야기를 나누며 공감한다.
⑤ 하비볼 클레이로 전통문양 꾸미기도 할 수 있다.

놀이 2 ▶ 비사치기 기본 놀이

① 던지기
- 선 채로 그냥 던지기
- 한 발 뛰어 던지기(한발 걸이)와 두발 뛰어 던지기(두발 걸이)
- 세 발 뛰어 던지기(세발 걸이)

② 세발 뛰어차기(재기)
  - 망을 던져놓고 세 발을 뛴 다음 네 발 째 차서 비석을 쓰러뜨린다.

③ 발등(도둑발)
  - 망을 발등 위에 올려놓고 비석 가까이 가서 망으로 쓰러뜨린다.
  - 오른발로 먼저 하고 다음은 왼발로 한다.

④ 발목(토끼뜀)
  - 망을 발목 사이에 끼우고 깡충깡충 뛰어, 비석 가까이 가서 망을 비석 위에 떨어뜨려 쓰러뜨린다.

⑤ 무릎(오줌싸개)
  - 망을 무릎 사이에 끼우고 어기적어기적 걸어, 비석 가까이 가서 망을 비석 위에 떨어뜨려 쓰러뜨린다.

⑥ 가랑이(똥꼬, 딸 낳고 아들 낳기)
  - 망이 보이지 않도록 가랑이 사이에 끼우고 비석 가까이 걸어가서 뒤돌아선 다음, 망을 비석위에 떨어뜨려 쓰러뜨린다.

⑦ 배(배 사장)
  - 망을 배 위에 올려놓고 비석 가까이 가서 망을 떨어뜨려 쓰러뜨린다.

⑧ 신문팔이
  - 망을 겨드랑이에 끼우고 가서 망을 떨어뜨려 쓰러뜨린다.

⑨ 어깨(훈장)
  - 어깨 위에 망을 올려놓고 가서 망을 떨어뜨려 쓰러뜨린다.
  - 오른 어깨, 왼 어깨의 순서로 한다.

⑩ 목
  - 어깨와 목 사이에 망을 끼워놓고 가서 망을 떨어뜨려 쓰러뜨린다.

⑪ 머리(떡장수)
  - 머리 위에 망을 올려놓고 가서 망을 떨어뜨려 쓰러뜨린다.

⑫ 장님(봉사)
  - 망을 던져놓고 눈을 감은 상태에서 걸어가, 망을 찾아 눈을 감은 채로 던져 쓰러뜨린다.

놀이 3 ▶ 창의 비사치기놀이

① 비사가 없는 경우에는 오자미, 지우개 등을 사용한다.
② 바닥에 양쪽에 선을 그린다.
③ 한 팀은 비사를 선위에 세운다.
④ 다른 한 팀은 반대쪽 선위 비사를 들고 선다.
⑤ 선위에 비사를 세운 팀에서 창의적으로 비사를 던지는 제시어를 준다.(좀비, 동물 모습 멀리뛰기, 친구 손잡고 함께, 코끼리 코, 거리 조절 등)

놀이 말기
- 놀이 활동 중 즐거웠던 이야기 나누기
- 마무리 인사하기

도움말
- 나만의 비사를 표현할 때 얼굴이 아닌 다양한 주제를 주어 창의적으로 표현하여도 된다.
- 비사를 이용할 때 항상 안전에 대해 이야기한다.
- 비사가 다른 사람에게 맞지 않게 주의한다.

3 사방치기놀이

(1) 사방치기놀이 유래 및 종류

납작한 돌이나 나뭇조각 등을 사용하여 바닥에 여러 가지 모양을 그려서 단계를 올리는 놀이이다. 모양에 따라서 X사방치기, 비행기 사방치기, 계단 사방치기, 하늘 천 따지, 망차기놀이 등이 있다.

(2) 창의 사방치기놀이

- **교육** : 사방치기는 단계별로 성공하여 땅을 차지하는 놀이
- **목표** : 신체활동. 집중력. 협동심을 향상시킨다.
- **활동장소** : 교실. 다목적실. 체육관. 운동장
- **인원** : 소모둠(1~20명)
- **대상** : 유치. 초.중.고
- **준비물** : 비사. 종이테이프. 절연테이프

놀이 풀기

놀이 1 ▶▶ 사방치기 기본

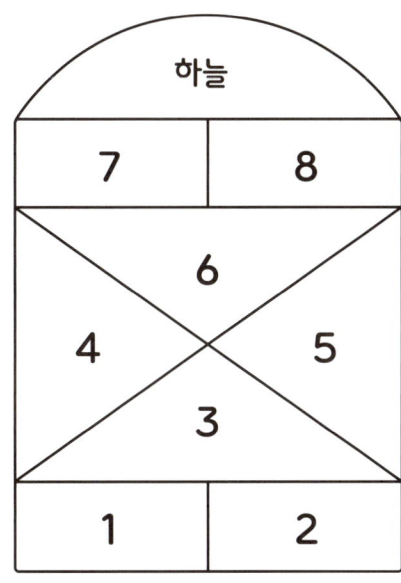

① 비사가 없는 경우에는 오자미, 지우개 등을 사용한다.
② 바닥에 X사방치기 모양을 그린다.
③ 한 명의 친구가 1단계에 비사를 놓는다.
④ X사방치기 2단계부터 8단계까지 갔다가 다시 돌아온다.
⑤ 2단계에서 1단계 비석을 잡아서 들어오면 성공이다.
⑥ 2단계 비석을 놓고 위와 같은 방법으로 반복한다.
⑦ 8단계까지 하고 마지막 9단계 하늘을 성공하면 놀이가 끝난다.

놀이 2 ▶ 창의 비행기 사방치기놀이

① 비사가 없는 경우에는 오자미, 지우개 등을 사용한다.
② 바닥에 비행기 사방치기 모양을 그린다.
③ 비행기 조종사를 (반장) 뽑아서 가장 큰 비석을 준다.
④ 조종사는 항상 모든 단계에서 처음으로 시작하고 하늘에 머물러 있다가 팀원들이 모두 나갈 수 있도록 안내해 주고 마지막에 나온다.
⑤ 팀원들은 조종사 단계에 맞추어서 모두 성공해야 한다.
⑥ 마지막 하늘 단계에서는 조종사부터 모든 팀원이 비사를 하늘에 던져야 한다.
⑦ 하늘에 있는 비사를 조종사부터 순서대로 가지고 돌아오면 성공이다.
⑧ 사다리 사방치기도 비행기 사방치기와 놀이 방법이 같다.

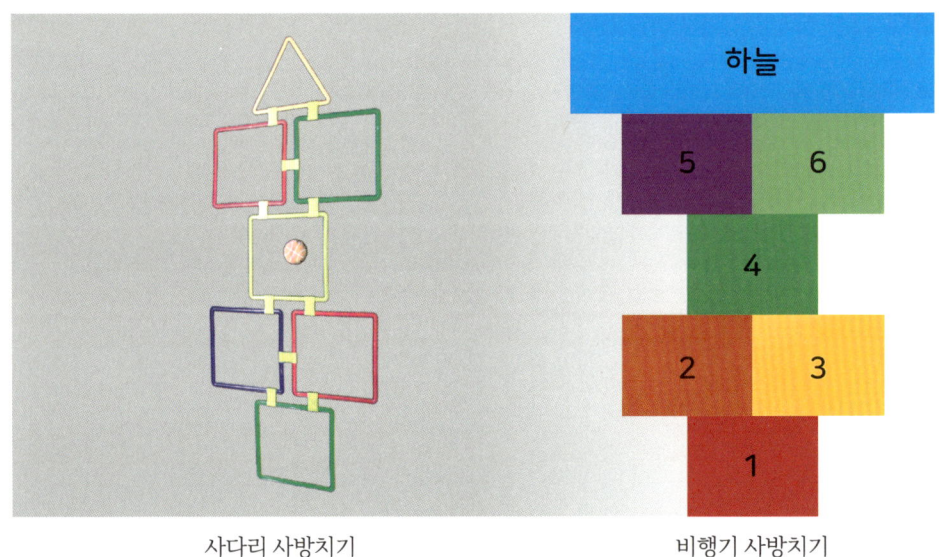

사다리 사방치기　　　　　비행기 사방치기

놀이 3 ▶ 창의 사방치기 땅따먹기놀이 I

① 놀이2에서 모두 성공하면 내 땅을 가질 수 있는 기회가 생긴다.
② 출발선에서 뒤로 돌아 비사를 사방치기 단계에 들어갈 수 있도록 어깨 뒤로 던진다.
③ 비사가 들어간 단계는 내 땅이 된다.
④ 내 땅은 두 발로 밟을 수 있고 상대방은 내 땅을 밟을 수 없다.
⑤ 1단계부터 다시 8단계까지 완성하면 내 땅을 만들 기회가 생긴다.
⑥ 반복하여 모든 땅이 없어지면 놀이가 끝난다.

놀이 4 ▶▶ 창의 사방치기 땅따먹기놀이 Ⅱ

① 4명~5명 팀원 놀이다.

② 출발선에서 출발하여 각 단계를 한발로 하늘까지 간다.

③ 하늘에서 뒤로 돌아 비사를 던져 단계에 넣는다.

④ 하늘에서 한발로 출발하여 반대로 돌아오며 단계에 들어간 비사를 들고 돌아온다.

⑤ 비사가 들어간 단계는 팀원의 땅으로 표시를 해준다.(색이 다른 종이테이프 사용)

⑥ 팀원의 다음 진행자는 팀원의 땅에서는 두발로 쉴 수 있다.

⑦ 모든 팀원이 한 번씩 진행하여 땅을 많이 만들면 된다.(연령에 따라 칸 수를 다르게 할 수 있다.)

			하늘
13	14	15	16
12	11	10	9
5	6	7	8
4	3	2	1
			출발

놀이 말기

- 놀이 활동 중 즐거웠던 이야기 나누기
- 마무리 인사하기

도움말

- 놀이의 규칙에 대해서 충분히 설명하고 놀이를 진행한다.
- 비사가 다른 사람에게 맞지 않게 주의한다.
- 놀이 도중에라도 규칙을 계속 이야기한다.

4. 망차기놀이

(1) 망차기놀이 유래 및 종류

돌이나 나뭇조각 등을 사용하여 밭을 그려서 한발로 망을 차며 밭을 이동하는 놀이이다. 밭은 칸수를 늘리는 것에 따라 4밭, 8밭, 10밭 등이 밭의 여러 종류로 그려 놀기도 했다. 대부분은 망차기, 망차기놀이로 불리였다.

(2) 망차기놀이

- **교육** : 한발로 망을 차며 마지막 단계까지 도착하면 성공하는 놀이
- **목표** : 신체활동. 집중력. 공간능력을 향상시킨다.
- **활동장소** : 교실. 다목적실. 체육관. 운동장
- **인원** : 소모둠(1~20명)
- **대상** : 유치. 초.중.고
- **준비물** : 비사. 오자미 종이테이프. 절연테이프

놀이 풀기

놀이 1 ▶ 4밭 망차기놀이

① 한발뛰기 연습을 한다.
② 오자미나 비사를 발 앞에 놓고 한발로 차는 연습을 한다.(발 안쪽으로 차기)
③ 1밭에 오자미를 놓는다.
④ 1밭에 오자미를 한발로 이용하여 2밭으로 오자미를 찬다.
⑤ 순서대로 오자미를 차서 3밭과 4밭으로 이동한다.
⑥ 오자미를 차며 밭으로 이동할 때 오자미가 밭에 선이나 밖으로 나가면 다음 사람이 한다.
⑦ 저학년이나 한발뛰기가 어려운 친구들은 3밭에서 두발로 쉬는 곳으로 지정해 준다.
⑧ 1밭에서 4밭까지 이동하면 끝이다.

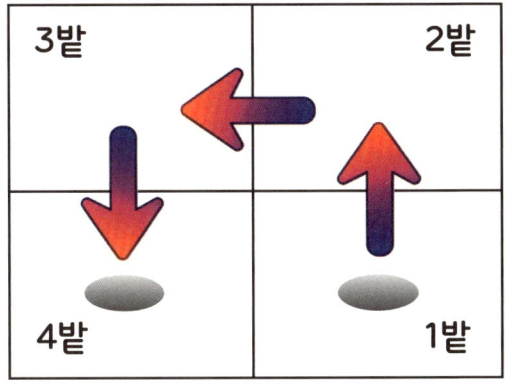

4밭 망차기

8밭 망차기

창의 밭 망차기

놀이 2 ▶ **창의 밭 망차기놀이**

① 2밭 오자미는 3밭을 통과해서 오자미를 4밭으로 보내야 한다.

② 2밭에서 4밭으로 오자미를 보낸 후 한발로 3밭을 점프해서 4밭으로 간다.(고학년 놀이로 한다.)

③ 7밭에서 오자미를 9밭으로 보낸 후 8밭은 한발뛰기 양발 ×벌려 뛰기 한발뛰기로 한다.

④ 11밭까지 가면 끝이다.(땅따먹기 놀이 연결 가능)

놀이 말기
- 놀이 활동 중 즐거웠던 이야기 나누기
- 마무리 인사하기

도움말
- 놀이 시작 전에 비사를 한 발로 차는 연습을 한다.
- 놀이의 규칙에 대해서 충분히 설명하고 놀이를 진행한다.
- 비사가 다른 사람에게 맞지 않게 주의한다.
- 놀이 도중에라도 규칙을 계속 이야기한다.

메모

5 | 고무줄놀이

(1) 고무줄놀이 유래 및 종류

주로 여자들이 골목에서 검정고무줄을 이용하여 한줄 고무줄, 두줄 고무줄, 삼각 고무줄놀이를 하였다.

(2) 고무줄놀이

- **교육** : 동요를 부르며 고무줄을 이용한 놀이
- **목표** : 대근육, 집중력, 신체 리듬감, 협동심을 향상시킨다.
- **활동장소** : 교실. 다목적실. 운동장
- **인원** : 소모둠(3~20명)
- **대상** : 유치. 초.중.고
- **준비물** : 면 고무줄

놀이 열기

- 고무줄은 어떤 성질을 가지고 있을까요?
- 우리는 고무줄을 어디에 사용할까요?
- 고무줄놀이를 한 적 있나요?

놀이 풀기

놀이 1 ▶ 한줄 고무줄놀이

① 친구 2명이 고무줄 양 끝을 잡고 선다.
② 낮은 곳에서 높은 곳으로 고무줄 단계를 올린다.

  발목 → 무릎 → 허벅지 → 허리 → 어깨 → 머리 → 머리 위(만세)

③ 발목과 무릎 단계는 양발 모아뛰기로 한다.
④ 허벅지부터는 한발로 넘어서 간다.

놀이 2 ▶▶ 두줄 고무줄놀이

① 월 화 수 목 금 토 일 노래에 맞추어서 두 줄 고무줄 양발을 모아서 안으로 들어가고 밖으로 나오는 것을 반복한다.
② 고무줄 사이에 오른발 넣기 → 점프 → 왼발 넣기 → 활동을 반복한다.
③ 고무줄 양 발 밟기 → 밖으로 양발 빼기 활동을 반복한다.
④ 고무줄 한 발씩 밟기 활동을 반복한다.
⑤ 고무줄 높이를 올려가며 활동한다.

놀이 3 ▶▶ 삼각 고무줄놀이

① 삼각 고무줄놀이는 인원수가 4명 이상이어야 한다.
② 삼각형 모양으로 3명이 고무줄을 발목에 걸어준다.
③ 한 명~세 명이 동요에 맞추어 삼각 고무줄을 뛰면서 노래가 끝날 때까지 계속 돌아준다.
④ 고무줄이 길면 한 줄에 여러 명이 함께 들어가서 뛸 수도 있다.

놀이 4 ▶▶ 고무줄놀이 노래

① 장난감 기차
장난감 기차가 칙칙 떠나간다.
과자와 사탕을 싣고서
엄마 방에 있는 우리 아기한테
갖다주러 갑니다.

② 수정 고드름
고드름 고드름 수정 고드름
고드름 따다가 발을 엮어서
각시방 영창에
달아 놓아요.

③ 퐁당퐁당
퐁당퐁당 돌을 던지자
누나 몰래 돌을 던지자
냇물아 퍼져라. 멀리멀리 퍼져라.
건너편에 앉아서 나물을 씻는
우리 누나 손등을 간질여 주어라.

④ 봄나들이
나리 나리 개나리
입에 따다 물고요
병아리 떼 쫑 쫑 쫑
봄나들이 갑니다.

⑤ 코끼리

코끼리 아저씨는 코가 손이래
과자를 주면은 코로 받지요.
코끼리 아저씨는 소방 수레요
불나면 빨리 와 모셔가지요.

⑥ 금강산

금강산 찾아가자 일만 이천 봉
볼수록 아름답고 신기하구나.
철 따라 고운 옷 갈아입는 산
이름도 아름다워 금강이라네
금강이라네 금강이라네

⑦ 요일 노래

월계 화계 수계 목계 금계 토계 일
월 화 수 목 금 토 일

놀이 말기

- 놀이 활동 중 즐거웠던 이야기 나누기
- 마무리 인사하기

도움말

- 고무줄을 잡아 주는 친구도 놀이에 참여할 수 있도록 하며 잡아 주는 친구가 있어서 놀이가 즐거움을 이야기한다.
- 고무줄이 튕겨서 친구들이 맞지 않도록 주의한다.
- 놀이 도중에라도 규칙을 계속 이야기한다.

6 | 딱지치기놀이

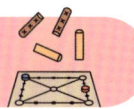

(1) 딱지놀이 유래 및 종류

딱지는 재활용 신문지, 교과서, 잡지, 달력 등의 종이를 이용하여 딱지를 만들어 놀던 놀이다. 종류로는 우유팩 딱지, 종이 딱지, 그림 딱지(원 딱지), 플라스틱 딱지, 고무 딱지 등이 있다.

(2) 딱지놀이

- **교육** : 딱지를 만들어 노는 놀이 활동
- **목표** : 소근육. 대근육. 집중력. 협동심을 향상시킨다.
- **활동장소** : 교실. 다목적실
- **인원** : 소모둠(2~20명)
- **대상** : 유치. 초.중.고
- **준비물** : 종이 딱지. 우유팩. 가위. 그림 딱지(원 딱지)

놀이 열기

- 어떤 딱지를 가지고 있나요?
- 예전에는 어떤 딱지로 놀았을까요?
- 딱지로 어떤 놀이를 할 수 있을까요?

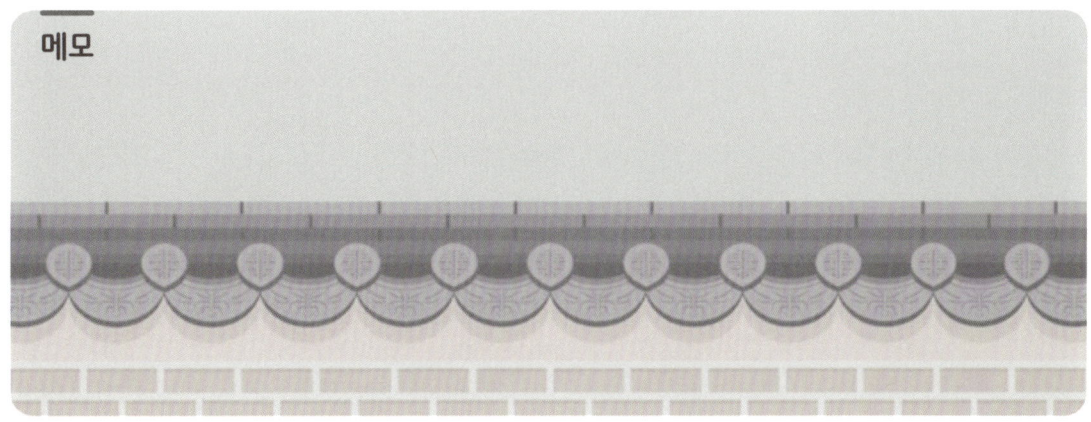

메모

놀이 풀기

 우유팩 딱지 만들기

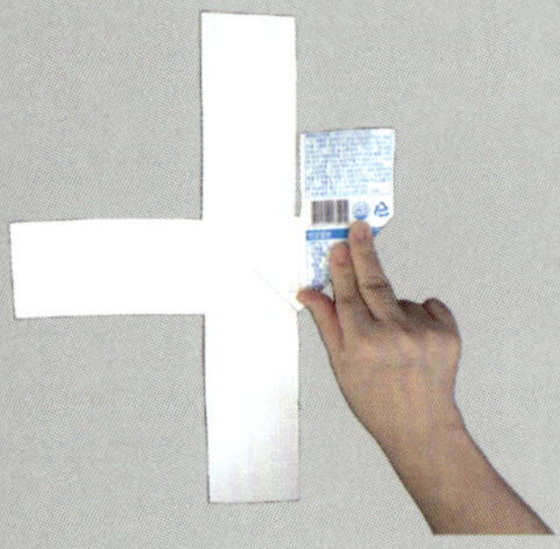

❶ 우유팩을 십자 모양으로 자른다. 한쪽 면부터 세모 접기

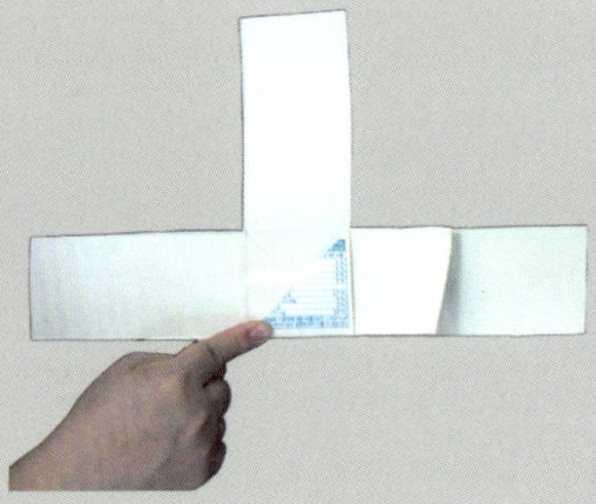

❷ 정 가운데 사각형에 접은 세모를 올려줌

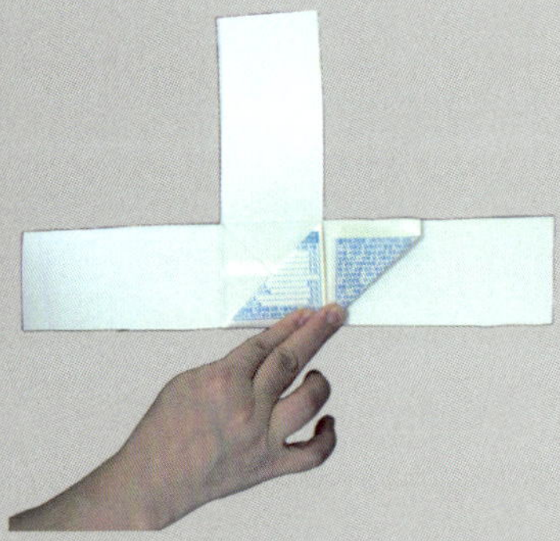

❸ 접고 남은 부분을 또 세모 접기

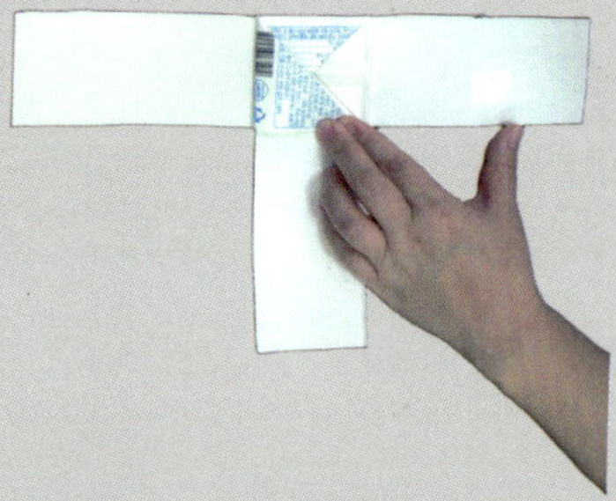

❹ 세모 접기 한 모양을 올림

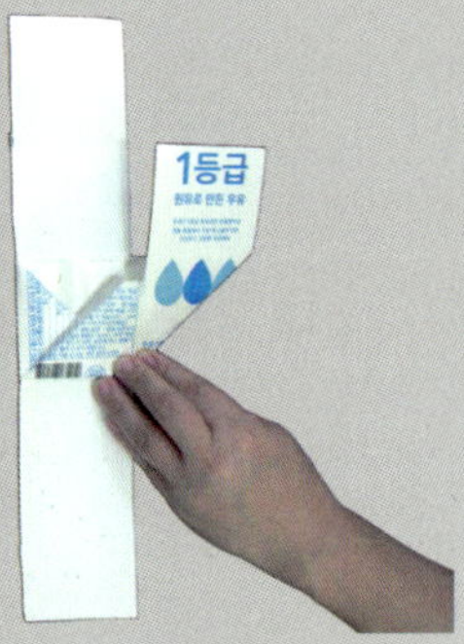

❺ 반대편을 세모 접기 하여 올림

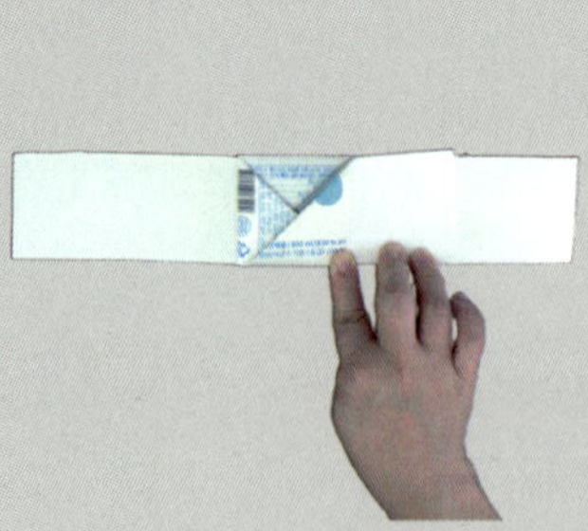

❻ 접고 남은 부분을 또한 세모 접기 후 올림

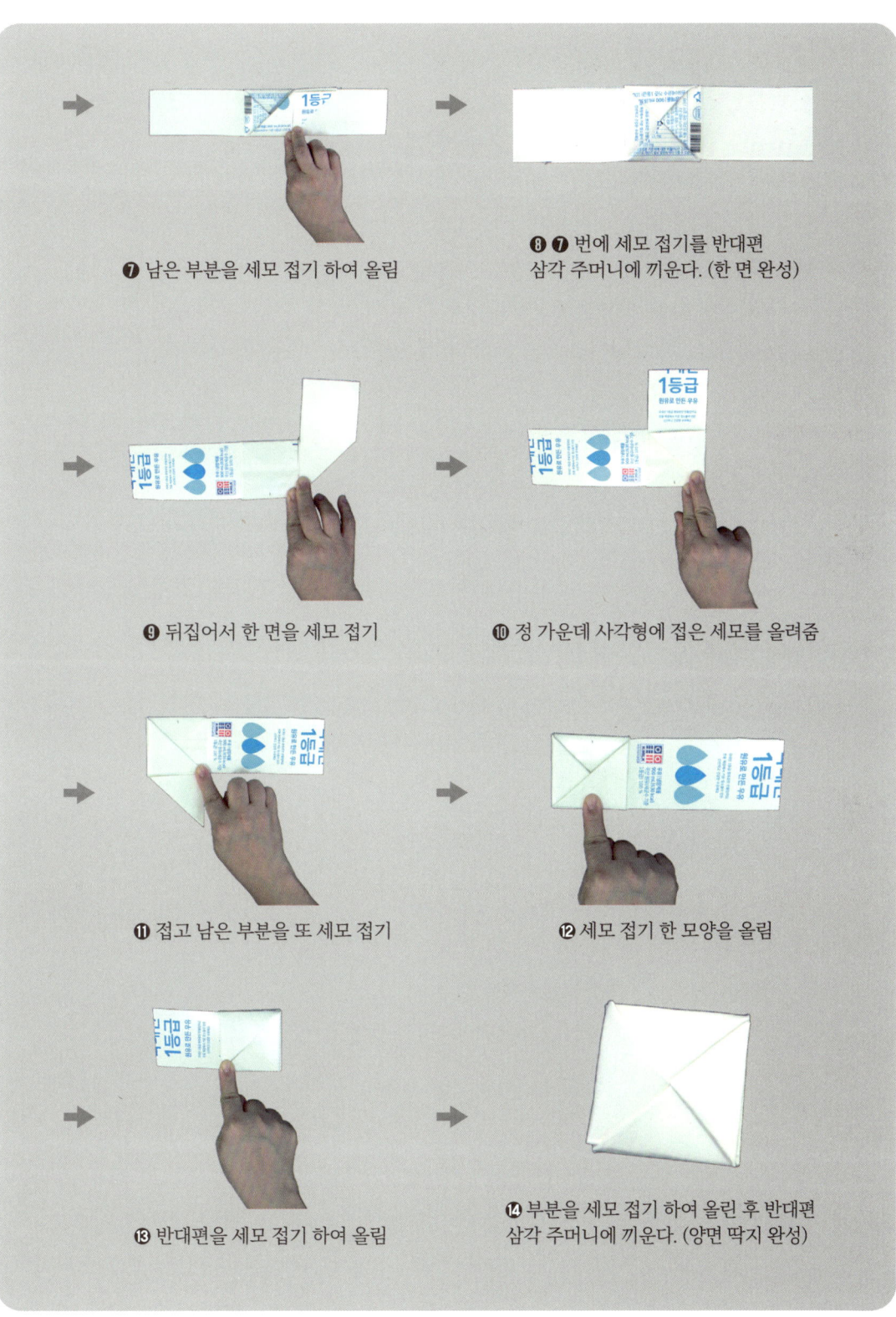

놀이 2 ▶▶ 우유팩 딱지놀이(종이 딱지놀이)

① 3명씩 팀을 만든다.
② 팀원 3명 친구들이 가위바위보를 해서 순서를 정한다.
③ 팀 중 1번 친구는 심판이면서 결승으로 진출한다.
④ 팀 중 3번 친구가 바닥에 딱지를 놓고 2번 친구가 딱지를 넘긴다.
⑤ 딱지를 넘기지 못하면 다음 친구에게 순서가 넘어간다.
⑥ 팀 경기에서 5번 딱지를 넘기면 경기가 끝난다.
⑦ 팀원 중에 마지막 승리자는 다른 팀의 승리자와 놀이를 하여 최후의 1인을 가린다.

놀이 3 ▶▶ 그림 딱지놀이(카드 딱지)

① 1인 딱지 3장~5장 나누어 준다.
② 한 손을 바닥에 놓고 세 번째 손가락 위에 딱지를 올리고 두 번째 네 번째 손가락으로 딱지 끝을 고정한다.
③ 고정한 딱지 위에 다른 딱지 1장을 올린다.
④ 두 번째 손가락을 튕겨 딱지를 넘기는 연습을 한다.
⑤ 충분히 연습한 후 2인 딱지놀이를 한다.
⑥ 2인 딱지놀이를 할 때에는 고정한 딱지 위에 상대방의 딱지를 올린다.
⑦ 상대방의 딱지가 넘어가면 딱지를 넘긴 사람이 딴다.
⑧ 상대방의 모든 딱지를 따면 놀이가 끝난다.

놀이 4 ▶▶ 창의 우유팩 딱지놀이

① 딱지를 손바닥에 올려 머리 위로 던져 받기를 한다.(여러 번 연습)
② 1단계는 던지고 박수를 1번 치고 받기를 한다.
③ 2단계는 던지고 박수를 2번 치고 받는다.(4단계까지 진행)
④ 2인이 딱지를 서로 던지고 받는다.
⑤ 1단계부터 4단계까지 진행을 한다.
⑥ 2인 놀이는 거리 조절을 하면 단계를 높일 수 있다.

놀이 5 ▶ 뻥딱지 만들기

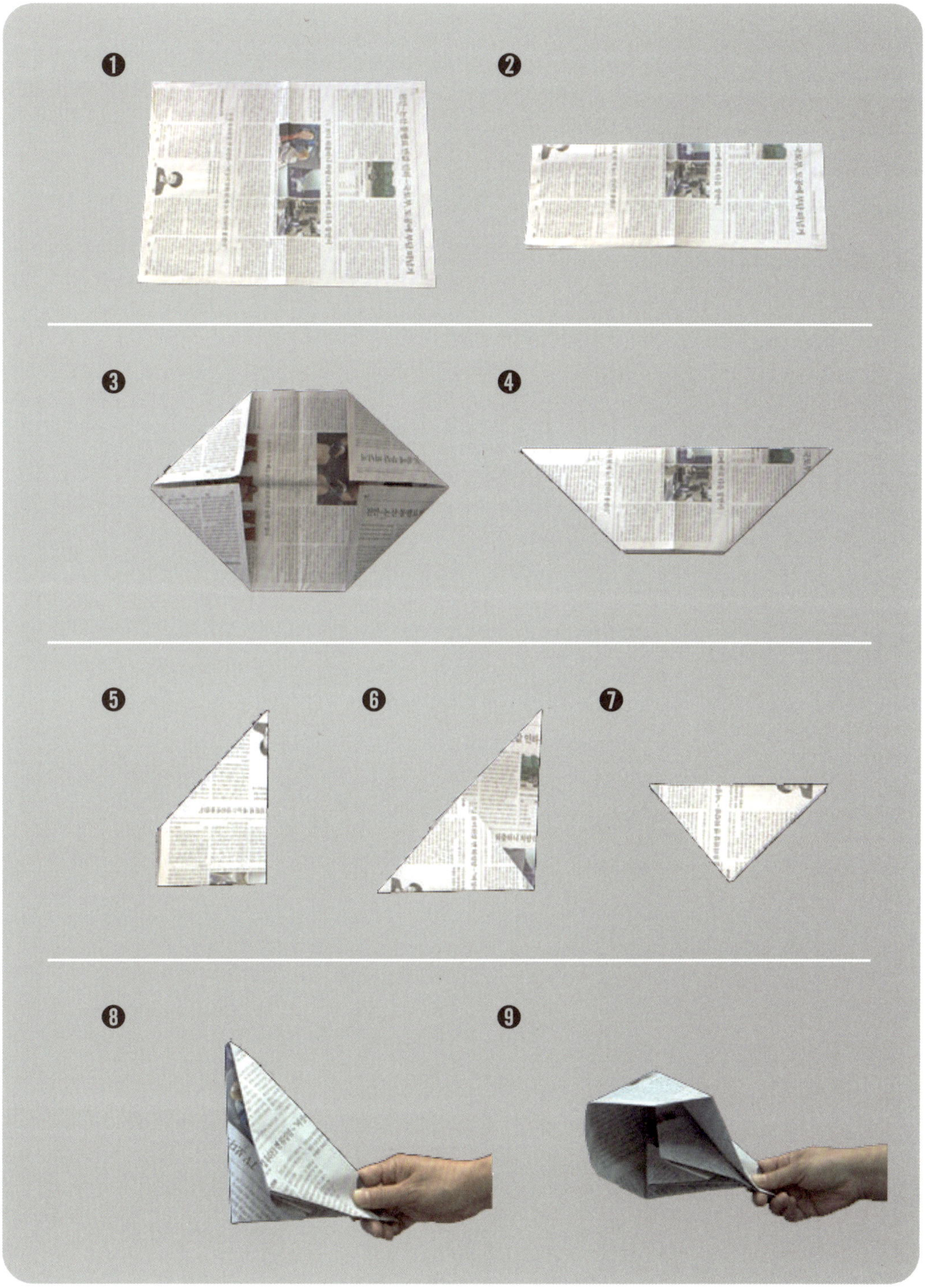

❶ ❷
❸ ❹
❺ ❻ ❼
❽ ❾

놀이 말기

- 놀이 활동 중 즐거웠던 이야기 나누기
- 마무리 인사하기

도움말

- 딱지를 던지거나 발로 밟지 않도록 이야기한다.
- 놀이 도중에라도 규칙을 계속 이야기한다.

메모

7 | 공기놀이

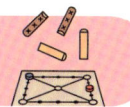

(1) 공기놀이 유래 및 종류

마을 주변 냇가에서 동글동글한 돌멩이를 주워 공기놀이에 사용하였다. 보통 다섯 알 공기, 많은 공기를 주로 하였고 지역에 따라 놀이 규칙이나 놀이 방법이 다르기도 하였다.

(2) 공기놀이

- **교육** : 공깃돌을 던지고 받으며 활동하는 놀이
- **목표** : 민첩성. 순발력. 소근육. 집중력. 협응력을 향상시킨다.
- **활동장소** : 교실. 다목적실
- **인원** : 소모둠(2~20명)
- **대상** : 유치. 초.중.고
- **준비물** : 플라스틱 공기. 나무 공기. 돌 공기

놀이 열기

- 공기놀이를 해본 적 있나요?
- 공기 재료는 무엇으로 하면 좋을까요?
- 옛날에는 재료를 어디서 구했을까요?

놀이 풀기

놀이 1 ▶ 다섯알 기본 공기놀이

① 공기의 질감을 느낌을 느끼며 손안에서 굴려본다.
② 한 손에 다섯알 공기를 올려두고 바닥에 모아서 뒤집어 놓는다.
③ 고추장 찍기로 공기 한알씩 옆에 있는 공기를 건드리지 않고 가져온다.
③ 한 손으로 공기를 던지고 공기가 내려오기 전에 바닥을 찍고 던진 공기를 받는다.
④ 한알, 두알, 세알, 네알 집기를 한다.
⑤ 마지막 5단계(꺾기)에서는 손등에 바로 올리기 어려움이 있으니 공기 한알을 손등 위에 올려두고 두 손으로 받는 연습을 시킨다.

⑥ 손바닥 위에 다섯알 공기를 올려두고 다섯알 공기를 위로 눈높이만큼 던져 올리고 재빨리 손을 뒤집어 손등 위에 내려오는 공기알을 받는다.
⑦ 손등 위에 있는 공기알을 던져서 손바닥으로 꺾어서 받는다.

놀이 2 ▶ 많은 공기놀이

① 공기알을 바닥에 쌓아 놓는다.
② 한알에 공기를 위로 던지고 공기가 내려오기 전에 바닥에 쌓아 놓은 공기를 가져오고 내려오는 공기를 받는다.(예: 공기를 모을 때는 한 번~세 번까지 모으고 네 번째에는 모은 공기를 모두 잡는다.)
③ 공기를 모을 때 옆에 있는 공기를 건드리면 기회가 다음 친구에게 넘어간다.
④ 공기를 모을 때 옆에 있는 공기를 건드리면 건드린 공기까지 마지막에 모두 잡아야 한다.
⑤ 설명 ③④는 놀이 연령이나 규칙에 따라 변형하여 진행할 수 있다.

놀이 3 ▶ 코끼리 공기놀이

① 다섯 알 공기를 바닥에 두고 두 손을 모아서 코끼리 손을 만든다.
② 코끼리 손으로 바닥에 있는 공기를 한 알씩 집어서 손바닥 안쪽으로 넣는다.
③ 공기 알 수를 늘려가며 코끼리 공기를 진행한다. (한알 ➡ 두알, 세알, 네알, 다섯알 순서)

놀이 4 ▶▶ 기차 공기놀이

① 많은 공기를 바닥에 뿌려 놓는다.
② 엄지와 검지를 벌려서 공기를 따라 기찻길을 만들어 엄지와 검지를 붙이면 기찻길이 완성된다.
③ 완성된 기찻길 안에 있는 공기는 모두 가져올 수 있다.
④ 기찻길을 만들다가 옆에 있는 공기를 건드리면 다음 친구에게 기회가 넘어간다.
⑤ 공기를 많이 가져오는 것을 목표로 한다.

놀이 5 ▶▶ 창의 공기놀이

【 나무 공기놀이 】

① 나무 공기 그림 그리기
② 나무 공기 모양. 숫자 등 만들기
③ 나무 공기 위로 탑 쌓기 활동

 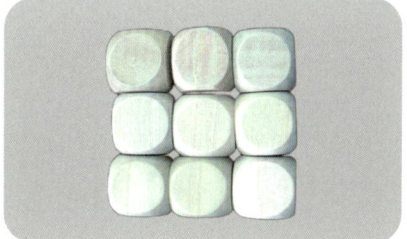

【블록 공기놀이】

① 블록 공기 알아보기
② 블록 공기 연결하기
③ 블록 공기 팽이 만들기

옆 라인 막대 1개 모양 옆 라인 막대 2개 모양

십자 위쪽 모양 블록 공기 9개 연결

놀이 말기
- 놀이 활동 중 즐거웠던 이야기 나누기
- 마무리 인사하기

도움말
- 놀이의 규칙에 대해서 충분히 설명하고 놀이를 진행한다.
- 공기를 던지거나 부서뜨리지 않도록 이야기한다.
- 놀이 도중에라도 규칙을 계속 이야기한다.

메모

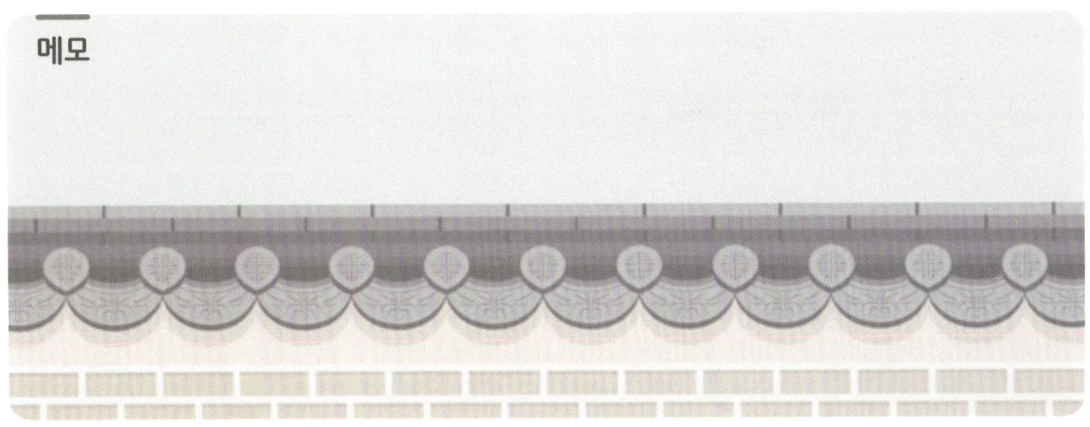

Ⅵ 창의 전래놀이

1. 오자미놀이
(1) 오자미놀이 유래 및 종류
(2) 오자미놀이
  ① 오자미 혼자 하는 놀이
  ② 오자미 둘이서 하는 놀이
  ③ 오자미 매미채, 바구니 놀이
  ④ 오자미 과녁판에 던지는 놀이
  ⑤ 오자미 지켜라.

2. 고무신놀이
(1) 고무신놀이 유래 및 종류
(2) 고무신놀이
  ① 발로하는 고무신놀이
  ② 손으로 하는 고무신놀이
  ③ 고무신 신고 달리기놀이
  ④ 창의 신발 찾기놀이 Ⅰ
  ⑤ 창의 신발 찾기놀이 Ⅱ

3. 보자기놀이
(1) 보자기놀이 유래 및 종류
(2) 보자기놀이
  ① 보자기 책보싸기놀이
  ② 보자기 스카프놀이
  ③ 보자기 공놀이 Ⅰ
  ④ 보자기 공놀이 Ⅱ
  ⑤ 보자기 큰제기놀이

4. 대나무 매미놀이
(1) 대나무 매미놀이 유래 및 종류
(2) 대나무 매미놀이
  ① 대나무 매미 만들기
  ② 대나무 매미 음률 놀이

5. 바람개비놀이
(1) 바람개비놀이 유래 및 종류
(2) 바람개비놀이
  ① 잠자리 바람개비 만들기
  ② 꽃 바람개비 만들기
  ③ 잠자리, 꽃 바람개비 날리기

6. 돼지몰이놀이
(1) 돼지몰이놀이 유래 및 종류
(2) 돼지몰이놀이
  ① 돼지몰이놀이
  ② 돼지바비큐놀이
  ③ 돼지컬링놀이

7. 신문지놀이
(1) 신문지놀이 유래 및 종류
(2) 신문지 활용 놀이
  ① 신문지 활용 스토리텔링 Ⅰ
  ② 신문지 활용 스토리텔링 Ⅱ
  ③ 신문지 스트레스 풀기
  ④ 신문지 뱀놀이
  ⑤ 신문지 글찾기놀이
  ⑥ 신문지 팀빌딩놀이
  ⑦ 신문지 고리놀이 Ⅰ
  ⑧ 신문지 고리놀이 Ⅱ
  ⑨ 신문지 고리놀이 Ⅲ

1 | 오자미놀이

(1) 오자미놀이 유래 및 종류

콩이나 모래를 넣어 만든 주먹만 한 헝겊 주머니로 실내나 실외에서 던지며 다양하게 놀았다. 예로 박터트리기, 오자미 주고받기, 오자미 던지기 등의 놀이가 있다.

(2) 오자미놀이

- **교육 :** 오자미를 던져 맞추거나 받는 놀이
- **목표 :** 신체활동. 집중력. 협동심을 향상시킨다.
- **활동장소 :** 교실. 다목적실. 체육관. 운동장
- **인원 :** 소모둠(1~20명)
- **대상 :** 유치. 초.중.고
- **준비물 :** 오자미. 매미채. 바구니. 일회용 컵. 종이테이프. 절연테이프

놀이 열기

- 오자미를 만들어 보았나요?
- 오자미 속에는 무엇이 들어 있을까요?(모래. 콩. 쌀. 메밀 등)
- 오자미를 만져 본 느낌은 어떤가요?

놀이 풀기

놀이 1 ▶ 오자미 혼자 하는 놀이

① 오자미 한 개 하늘 위로 던져서 받기를 한다.
② 오자미를 양손에 잡고 오른손 오자미를 위로 던지고 왼손 오자미는 오른손으로 주고 위로 던져진 오자미는 왼손으로 받는다.
③ 반복하여 양손 오자미 받기 놀이를 한다.(잘할 수 있을 때까지 연습을 한다.)
④ 잘하면 오자미를 3개, 4개까지도 던지며 받기 놀이를 한다.

놀이 2 ▶▶ 오자미 둘이서 하는 놀이

① 양쪽에 앉아 오자미를 서로 주고받기 놀이를 한다.
② 양쪽에 서서 오자미를 서로 주고받기 놀이를 한다.
③ 거리를 조절하면서 오자미를 서로 주고받기 놀이를 한다.
④ 일회용 컵을 양쪽 사람이 가지고 오자미를 주고받기 놀이를 한다.

놀이 3 ▶▶ 오자미 매미채, 바구니놀이

① 한 사람은 오자미를 던지고 다른 한 사람은 매미 채 나 바구니로 받는 놀이이다.
② 거리를 조절하면서 오자미를 받는다.
③ 서로 역할을 바꾸어 가며 주고받기 놀이를 한다.

놀이 4 ▶▶ 오자미를 과녁판에 던지는 놀이

① 과녁판을 바닥에 그려 준다.
② 던지기 적당한 위치에 출발선을 그려준다.
③ 선에 서서 오자미를 과녁판에 들어가게 던진다.
④ 과녁판 높은 점수에 많이 넣으면 이긴다.
⑤ 오자미가 과녁판 점수와 점수 선 위에 놓여졌을 때는 오자미가 더 많은 위치에 있는 점수로 한다.(규칙은 놀이하는 사람들이 정한다.)
⑥ 과녁판이 없을 때에는 매트. 바구니. 수건. 보자기 등으로 대체하여 사용할 수도 있다.

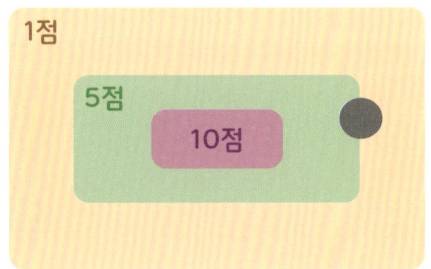

놀이 5 ▶▶ 오자미를 지켜라.(창의 놀이)

① 1m 정도의 원을 일정한 간격(약 3m)을 두고 2개의 원을 그린다.
② 2개의 색깔 오자미를 각각 20개를 준비한다.
③ 원 가운데에 색깔 오자미를 나누어 넣는다.
④ 두 팀으로 나누어 놀이를 해야 한다.
⑤ 두 팀 인원 중 수비수(1~3명) 공격수(4~6명) 구분한다.

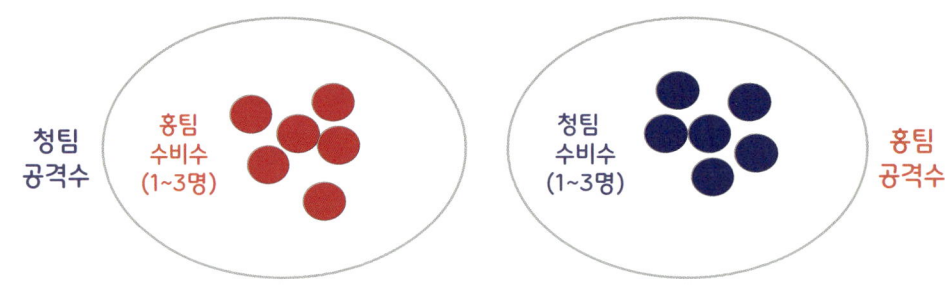

※규칙 안내(중요한 규칙이라고 꼭 안내한다.)

- 수비수는 우리 팀의 오자미를 지키는 역할이다.
- 수비수는 원 밖으로 나올 수 없다.
- 수비수는 오자미를 손으로 잡거나 엉덩이로 깔고 지킬 수 없다.
- 수비수는 상대편 공격수가 우리 팀 오자미를 가져갈 때 터치가 가능하다.(상대편 공격수를 잡아당기면 안 된다.)
- 수비수에게 터치 당한 공격수는 오자미를 다시 원에 넣어야 한다.(우리 팀 오자미를 1개 준다. ➡ 절대 던지지 않는다.)
- 공격수는 수비수를 피해서 오자미를 원 안에서 꺼내야 한다.
- 꺼낸 오자미는 우리 팀 원 안에 넣는다.
- 상대편 수비수에게 터치가 되면 상대편 오자미는 돌려주고 우리 오자미 1개를 준다.
- 이때 상대편에 오자미를 줄 때는 꼭 던지기 말고 수비수 손에 전달 한다.

놀이 말기

- 놀이 활동 중 즐거웠던 이야기 나누기
- 마무리 인사하기

도움말

- 놀이의 규칙에 대해서 충분히 설명하고 놀이를 진행한다.
- 공기를 던지거나 부서뜨리지 않도록 이야기한다.
- 놀이 도중에라도 규칙을 계속 이야기한다.

메모

2 | 고무신놀이

(1) 고무신놀이 유래 및 종류
　검정 고무신과 흰 고무신은 운동화나 구두가 나오기 전에 신던 신발이다. 고무신 던지기 놀이는 골목이나 공터에서 고무신을 멀리 던지는 놀이다.

(2) 고무신놀이
- **교육** : 손과 발을 이용하여 고무신을 던지는 놀이
- **목표** : 대근육. 집중력을 향상시킨다.
- **활동장소** : 교실. 다목적실. 운동장
- **인원** : 소모둠(2~20명)
- **대상** : 유치. 초.중.고
- **준비물** : 검정 고무신. 흰 고무신. 신발

놀이 열기
- 고무신을 신어 보았나요?
- 신발을 발로 던져 본 적 있나요?
- 신발 던지기는 어디서 던져야 위험하지 않을까요?

놀이 풀기

놀이 1 ▶ 발로하는 고무신놀이

① 고무신을 발가락에 걸어 던진다.
② 멀리 던지기, 바구니에 넣기, 과녁에 던지기, 구멍에 넣기 등 다양하게 놀이를 할 수 있다.
③ 자기 신발로 놀이를 했을 경우에는 자기 신발을 찾아와야 한다.
④ 주의사항으로 사람에게 던지지 않도록 한다.

놀이 2 ▶ 손으로 하는 고무신놀이

① 팀원으로 나누어 손으로 하는 고무신놀이를 한다.

② 원에 정확히 들어가면 2점, 원에 걸치면 1점으로 정한다.

③ 과녁은 연령이나 장소에 따라 다양한 방법으로 놀이를 할 수 있다.

④ 사용한 고무신은 다음 친구를 위해 던진 친구가 제자리에 놓아둔다.

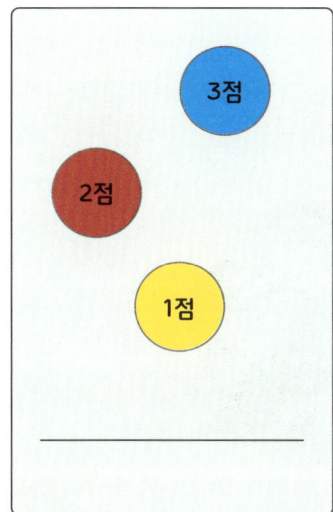 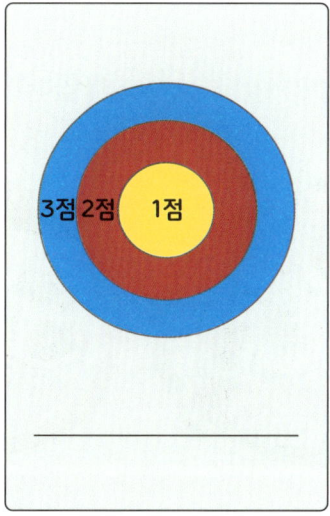 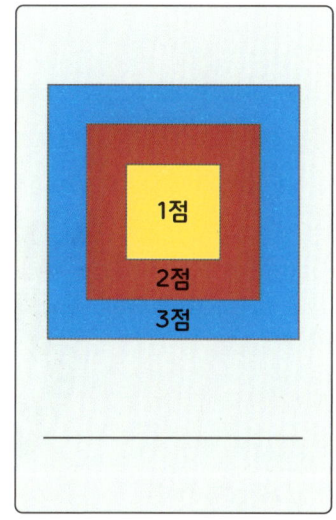

놀이 3 ▶ 고무신 신고 달리기 놀이

① 검정 고무신 팀과 흰 고무신 팀으로 나누어 준다.

② 반환점을 정한다.

③ 고무신을 신고 반환점을 돌아온다.

④ 릴레이 게임으로 진행한다.

⑤ 고무신 크기는 통일되게 주고 발이 작거나 커서 고무신이 맞지 않아도 넘어지지 않도록 주의하며 놀이를 한다.

 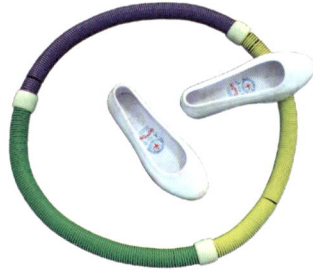

놀이 4 ▶ 창의 신발 찾기 놀이 I

① 두 팀으로 나눈다.
② 일정한 거리에 각 팀의 원을 그린다.(훌라후프 가능)
③ 팀원 모두 원 안에 실내화 한 짝을 넣는다.
④ 릴레이로 자기 신발을 찾아서 신고 온다.
⑤ 원 안에 있는 자기 신발을 찾을 때는 다른 신발들이 원 밖으로 나가도 되지만 자기 신발을 찾은 후에는 꼭 원 안에 모든 신발을 다시 넣어 두고 돌아온다.
⑥ 돌아왔는데 내 신발이 아닌 경우에는 다시 자기 신발을 찾아온다.
⑦ 훌라후프 사용하는 경우에는 마지막 주자가 훌라후프를 돌리면서 돌아온다.

놀이 5 ▶ 창의 신발 찾기 놀이 II

① 지름 2m 정도의 원을 그린다.(연령에 따라 크기 조정)
② 두발로 설수 있는 휴식 공간을 그려준다.(원 밖 모서리에 그림)
③ 술래를 1~2명을 정한다.
④ 원 안에 실내화 한 짝을 넣는다.
⑤ 원 안에는 술래가 들어가서 신발을 지킨다.(술래는 신발을 엉덩이로 깔고 지키지 않는다.)
⑥ 술래 이외의 친구들은 한발로 다녀야 한다.(휴식공간은 두발로 쉴 수 있다.)
⑦ 술래 눈을 피해 원 안의 신발을 찾아와서 주인을 찾아 줄 수 있다.
⑧ 술래는 신발을 찾으려는 친구를 터치 할 수 있다.
⑨ 신발을 찾다가 술래에게 터치 되면 나머지 한 짝의 신발도 원 안에 넣는다.(절대로 신발을 던지면 안 되고 가만히 원 안에 두고 온다.)
⑩ 두 짝의 신발의 없는 친구는 놀이에 참여하지 않고 대기하다가 다른 친구가 신발을 찾아주면 다시 놀이에 참여할 수 있다.
⑪ 원 안에 모든 신발이 주인을 찾아가면 놀이는 끝난다.

놀이 말기

- 놀이 활동 중 즐거웠던 이야기 나누기
- 마무리 인사하기

도움말

- 놀이의 규칙에 대해서 충분히 설명하고 놀이를 진행한다.
- 오자미를 친구에게 던지지 않도록 이야기한다.
- 놀이 도중에라도 규칙을 계속 이야기한다.

메모

3 | 보자기놀이

(1) 보자기놀이 유래 및 종류

옛날에는 짐을 쌀 때 사용했던 보자기를 다양한 놀이에 이용하여 놀았다. 보자기 제기놀이, 보자기 스카프놀이, 보자기 짐싸기놀이, 보자기 책보놀이 등을 하였다.

(2) 보자기놀이

- **교육** : 보자기를 사용하여 활동하는 놀이
- **목표** : 소근육. 대근육. 집중력. 음률감. 협동심을 향상시킨다.
- **활동장소** : 교실. 다목적실
- **인원** : 소모둠(2~20명)
- **대상** : 유치. 초.중.고
- **준비물** : 보자기. 왕제기. 고무공. 책

놀이 열기

- 보자기를 본 적 있나요?
- 보자기는 무엇에 사용할까요?
- 보자기로 놀이를 해보았나요?

놀이 풀기

놀이 1 ▶ 보자기 책보싸기놀이

① 보자기 묶는 연습을 한다.
② 두 팀으로 나누어 준다.
③ 시작 신호에 맞춰서 빨리 보자기 싸는 놀이를 한다.
④ 다양한 물건을 싸보는 놀이를 한다.(인형, 책, 필통, 신발 등)
⑤ 허리나 어깨에 묶는 놀이를 한다.
⑥ 보자기 묶는 법을 정확히 숙지하면 릴레이 놀이도 할 수 있다.

놀이 2 ▶ 보자기 스카프놀이

① 두 팀으로 나누어 준다.
② 첫 번째 친구는 보자기를 정사각형에서 삼각으로 접어서 머리에 쓰고 묶는다.
③ 두 번째 친구는 첫 번째 친구 보자기를 풀어서 자기 머리에 묶는다.
④ 릴레이로 풀고 묶는 것을 반복한다.
⑤ 보자기를 삼각접기 해서 돌돌 말아서 목에 묶고 풀기 놀이를 할 수도 있다.

놀이 3 ▶ 보자기 공놀이 Ⅰ

① 보자기를 허리에 묶고 보자기 양쪽 끝을 잡고 공을 던져 받는다.
② 노래를 부르며 공을 튕기다가 노래 마지막에 허리에 묶은 보자기로 공을 감싼다. 또는 공을 받는다.

놀이 4 ▶ 보자기 공놀이 Ⅱ

① 보자기를 여러 명이 보자기 끝을 잡고 공을 튕긴다.
② 보자기 밖으로 공이 튕겨 나가지 않도록 한다.
③ 오랫동안 공을 튕기는 팀이 이긴다.
④ 공의 크기를 다양하게 한다.

놀이 5 ▶ 보자기 큰제기놀이

① 큰 보자기와 큰제기를 준비한다.
② 양팀으로 나누거나 전체 인원이 참여하여 협동심을 키우는 놀이다.

③ 큰 보자기에 큰제기를 오려 두고 오랫동안 제기를 튕기는 팀이 이긴다.
④ 전체 인원이 참여하는 경우에는 튕기는 횟수를 정해서 목표를 달성하게 한다.

놀이 말기

- 놀이 활동 중 즐거웠던 이야기 나누기
- 마무리 인사하기

도움말

- 보자기를 목에 두르거나 잡아당기지 않도록 이야기한다.
- 놀이 정리할 때 자기가 사용한 보자기를 접어 보도록 한다.
- 놀이 도중에라도 규칙을 계속 이야기한다.

메모

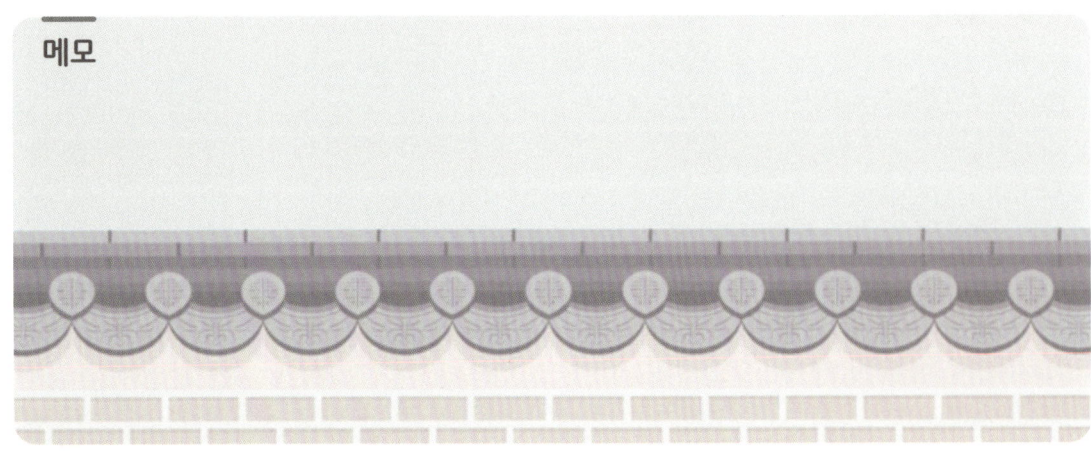

4 | 대나무 매미놀이

(1) 대나무 매미놀이 유래 및 종류
매미 울음소리에 관심을 갖고 대나무를 이용하여 매미를 만들어 돌리며 매미 울음소리를 냈다.

(2) 대나무 매미놀이
- **교육** : 대나무 매미를 줄에 달아 돌리며 소리를 내는 놀이
- **목표** : 소근육. 집중력. 음률감. 협동심을 향상시킨다.
- **활동장소** : 교실. 다목적실
- **인원** : 소모둠(1~20명)
- **대상** : 유치. 초.중.고
- **준비물** : 대나무 매미. 색연필. 투명테이프

놀이 열기
- 매미를 본 적 있나요?
- 매미는 어느 계절에 볼 수 있나요?
- 매미의 울음소리를 흉내 내어 볼까요?

놀이 풀기

놀이 1 ▶ 대나무 매미 만들기

① 매미 날개의 관찰한다.
② 매미 날개에 색칠을 한다.
③ 매미 몸통에는 어두운 색칠을 한다.

놀이 2 ▶ 대나무 매미 음률 놀이

① 대나무 매미의 소리 나는 원리를 안다.
② 대나무 매미를 돌려서 소리를 내본다.
③ 음률에 맞추어서 단체로 연주를 한다.(노래 : 동물농장 ➡ 동물소리 부분에서 매미소리를 낸다.)

놀이 말기
- 놀이 활동 중 즐거웠던 이야기 나누기
- 마무리 인사하기

도움말
- 매미를 표현할 때 창의적으로 표현할 수 있도록 유도한다.
- 매미 소리를 내지 않는 시간에 소리를 내지 않도록 이야기한다.
- 놀이 도중에라도 규칙을 계속 이야기한다.

메모

5. 바람개비놀이

(1) 바람개비놀이 유래 및 종류

바람을 이용한 대표적은 놀이다. 옛날에는 풍년을 기원하기 위해서 대나무와 종이를 이용하여 만들었다. 지금은 비닐, 천, 수수깡, 색종이, 종이컵을 이용하여 바람개비를 만들어 놀이한다.

(2) 바람개비놀이

- **교육** : 바람개비를 만들어 바람을 이용하여 날리는 놀이
- **목표** : 소근육. 대근육. 집중력. 협동심을 향상시킨다.
- **활동장소** : 교실. 다목적. 운동장
- **인원** : 소모둠(1~20명)
- **대상** : 유치. 초.중.고
- **준비물** : 잠자리와 꽃 바람개비 도안. 싸인. 색연필. 가위. 풀. 투명테이프

놀이 열기

- 우리나라 잠자리는 무엇인가요?
- 봄에 가장 빨리 피는 꽃은 무엇일까요?
- 바람을 이용해서 노는 놀이는 무엇이 있을까요?

놀이 풀기

놀이 1 ▶▶ 잠자리 바람개비 만들기

① 잠자리 도안에 색칠한다.
② 색칠한 도안을 두꺼운 도화지에 풀로 붙여준다.
③ 두꺼운 도화지에 붙어준 잠자리 모양으로 오려준다.
④ 뒷면에 빨대를 + 오려서 테이프로 붙여준다.
⑤ 빨대를 양손바닥에 잡고 비비면서 하늘로 던져 날린다.

놀이 2 ▶ 꽃 바람개비 만들기

① 꽃잎 도안을 오려준다.

② 퍼즐처럼 붙여준다.

③ 부쳐준 퍼즐 도안을 오려준다.

④ 정중앙에 꽃술을 붙여준다.

⑤ 뒷면에 빨대를 + 오려서 테이프로 붙여준다.

⑥ 빨대를 양손바닥에 잡고 비비면서 하늘로 던져 날린다.

놀이 3 ▶ 잠자리, 꽃 바람개비 날리기

① 빨대를 양손바닥에 잡고 비비면서 하늘로 던져 날리는 연습을 한다.

② 날린 잠자리 바람개비가 바닥에 떨어지기 전에 잡는다.

③ 두 명이 마주 보고 한 개의 바람개비를 날리고 받기를 한다.

④ 두 명이 마주 보고 두 개의 바람개비를 동시에 날리고 받기를 한다.

⑤ 한 명의 친구가 일정 선에 서서 2~3명의 친구에게 바람개비를 날린다.

➡ 빠르게 잡는 친구가 이긴다.

놀이 말기

- 놀이 활동 중 즐거웠던 이야기 나누기
- 마무리 인사하기

도움말

- 풀칠을 꼼꼼하게 하지 않으면 꽃잎이 떨어질 수 있으므로 꼼꼼히 칠하도록 한다.
- 바람개비를 날리는 연습을 충분히 하도록 한다.
- 놀이 도중에라도 규칙을 계속 이야기한다.

6 | 돼지몰이놀이

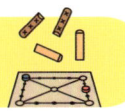

(1) 돼지몰이놀이 유래 및 종류

옛날에는 소, 돼지, 토끼, 개, 고양이, 닭 등을 가축을 집에 키워 동물과 함께 활동하는 놀이가 있었다. 대표적으로 돼지 달리기 시합 또는 소몰이 놀이, 닭 몰이 등 집안의 가축을 돌보다가 놀이로 변형되었다.

(2) 돼지몰이놀이

- **교육** : 돼지 저금통을 이용한 돼지몰이놀이
- **목표** : 소근. 대근육. 집중력. 협동심을 향상시킨다.
- **활동장소** : 다목적실. 실내 넓은 공간
- **인원** : 소모둠(10~20명)
- **대상** : 유치. 초.중.고
- **준비물** : 돼지 저금통(크기 다양). 스틱(백업. 권투장갑 막대. 막대. 파리채), 종이테이프, 절연테이프

놀이 열기

- 집에서 키우는 가축은 무엇이 있을까요?
- 우리나라에서 꼭 배나 비행기를 타야만 갈수 있는 곳은 어디일까요?
- 돼지 집 이름은 무엇일까요?

놀이 풀기

놀이 1 ▶▶ 돼지몰이놀이

① 두 팀으로 나눈다.
② 스틱(백업, 권투장갑 막대, 막대, 파리채)을 이용하여 돼지를 몰아 우리 안에 넣는다.
③ 팀의 모든 돼지를 우리 안에 넣으면 팀이 이긴다.
④ 돼지를 몰 때에는 세게 치지 않는다.(몰아서 간다.)
⑤ 돼지몰이의 길을 다양하게 변형시킬 수 있다.

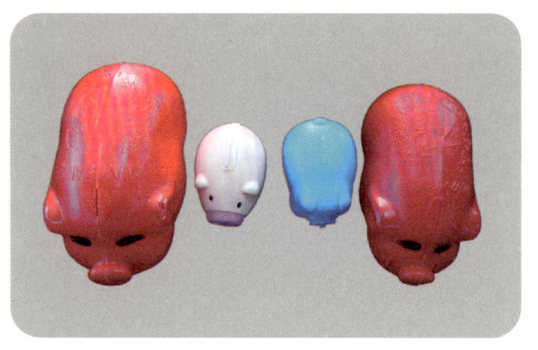 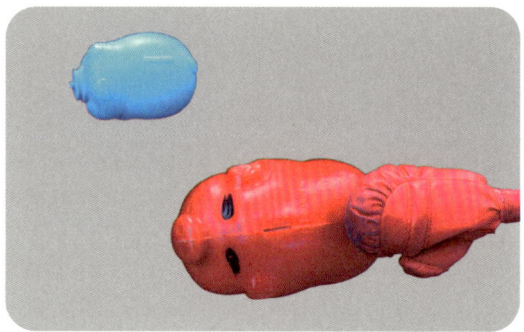

놀이 2 ▶ 돼지바비큐놀이

① 두 팀으로 나눈다.
② 팀원 3명이 한 팀이다.
③ 2명의 친구는 양쪽에 스틱을 잡는다.(스틱을 잡은 친구는 돼지를 잡을 수 없다.)
④ 한 명의 친구는 돼지 한 마리씩 스틱을 꽂아준다.
⑤ 스틱을 잡은 친구는 돼지우리에 달려가 넣어준다.
⑥ 돼지우리에 가다가 돼지가 빠지면 한 명의 친구가 와서 꽂아준다.

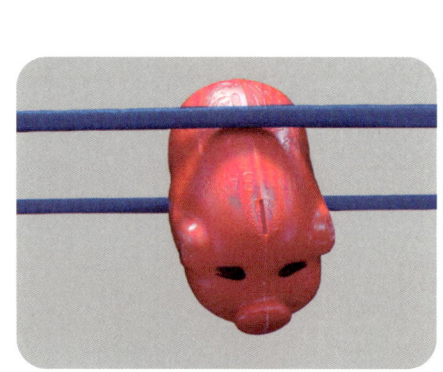 

놀이 3 ▶▶ 돼지컬링놀이

① 두 팀으로 나눈다.
② 크기가 다양한 돼지 4~6마리를 준비한다.
③ 돼지와 친구들에게 같은 번호를 정해준다.
④ 자기와 같은 번호의 돼지를 잡고 1번부터 돼지우리 쪽으로 밀어서 컬링을 한다.
⑤ 돼지가 우리에 들어가면 이긴다.
⑥ 컬링이 끝난 후 우리에 들어간 돼지가 없다면 우리에서 가장 가까운 돼지가 있는 팀이 이긴다.
⑦ 돼지를 던져서 우리에 넣으면 안 된다.(절대 던지면 안 된다.)

놀이 말기
- 놀이 활동 중 즐거웠던 이야기 나누기
- 마무리 인사하기

도움말
- 돼지를 발로 차거나 던지지 않도록 이야기한다.
- 놀이 도구인 막대를 휘두르지 않도록 이야기한다.
- 놀이 도중에라도 규칙을 계속 이야기한다.

메모

7 | 신문지놀이

(1) 신문지놀이 유래 및 종류

옛날에는 신문을 보는 집이 많아서 신문지를 구하기가 수월하여 신문을 일상생활에서 많이 활용하였다. 신문지를 이용하여 신문지 딱지, 신문지 모자, 신문지 배 등 장난감으로도 활용하였다.

(2) 신문지 활용 놀이

교육 : 신문지를 이용해 놀잇감으로 만들어 활동하는 놀이
목표 : 소근육. 대근육. 집중력. 협동심을 향상시킨다.
활동장소 : 교실. 다목적실. 체육관
인원 : 소모둠(1~20명)
대상 : 유치. 초.중.고
준비물 : 신문지. 가위. 투명테이프

놀이 열기

- 신문지를 집에서 보나요?
- 신문지를 읽어 본 적 있나요?
- 신문지를 이용해 무엇을 할 수 있을까요?

놀이 풀기

놀이 1 ▶▶ 신문지 활용 놀이 I (스토리텔링)

① 신문지를 책처럼 넘기며 모두 몇 장인지 확인한다.
② 한 장식 넘기면서 신문지에 나온 그림. 사진. 글 등을 보고 스토리텔링을 한다.
③ 신문을 보면서 생각나는 것에 대해서 스토리텔링을 한다.
  ※ 회상 목적
- 벽지(벽지가 비싼 시절에는 신문지를 이용하여 벽지로 사용)
- 창문/문(창문이나 방문 신문지를 이용하여 부침)
- 장판(지금은 장판이 있어 깔아주면 되지만 옛날에는 칠을 했다.)

놀이 2 ▶ 신문지 활용 놀이Ⅱ(스토리텔링)

① 신문 전면에 내가 나온다면?(스토리텔링)
  - 신문 전면에 나의 이야기가 나온다면 기사 내용을 생각한다.
② 신문 가운데 얼굴 크기의 구멍을 낸다.
③ 구멍에 얼굴이 나오게 하여 스토리텔링을 진행한다.
④ 모든 친구들은 스토리텔링을 한 친구의 이야기를 공감해 준다.
⑤ 스토리텔링의 주제는 긍정적인 나의 이야기로 한다.

놀이 3 ▶ 신문지 스트레스 풀기

① 신문지 격파 활동
  - 두 명의 친구가 신문지 한 장을 양쪽으로 잡는다.
  - 격파하기 전 내가 가장 스트레스 받는 것을 이야기한다.
  - 스트레스를 이야기 한 친구는 신문지를 격파한다.
② 신문지 찢기 활동
  - 신문지 결을 알려주고 결대로 찢게 한다.
  - 신문지를 자유롭게 찢게 한다.
  - 찢은 신문을 자유롭게 하늘 높이 던지며 소리지른다.
③ 신문지 공놀이 활동
  - ② 찢어진 신문지를 뭉쳐서 공을 만든다.
  - 한 명당 2개~3개의 공을 만든다.
  - 모든 구석에 있는 신문지는 공을 만들어야 한다.(쓰레기를 남기지 않는다.)
  - 만든 신문지 공이 더욱 단단해지도록 꼭꼭 누르면서 뭉쳐주며 의미를 부여한다.(공에 나의 스트레스를 의미 부여를 하게 한다. ➔ 공부, 학원, 친구관계, 다이어트, 외모 등)
  - 두 명의 친구가 큰 봉지 한 장을 양쪽으로 잡는다.
  - 만든 신문지 공을 한 명씩 스트레스를 이야기하며 봉지 속으로 던져 넣는다.(거리는 연령에 맞춰서 조절한다.)

놀이 4 ▶ 신문지 뱀놀이

① 신문지를 한 장씩 나누어 준다.
② 신문지를 잘 찢을 수 있는 결을 알려준다.
③ 결대로 신문지를 손으로 뱀처럼 길게 자른다.(끊어지면 다시 연결할 수 없다.)
④ 신문지를 찢어서 가장 길게 뱀을 만든 친구가 이긴다.
⑤ 찢은 신문지는 공놀이 활동으로 정리할 수 있다.

놀이 5 ▶ 신문지 글찾기놀이

① 신문지를 1권씩 나누어 준다.
② 신문지 안에 있는 글자 찾기를 한다.(이름, 단어, 사물, 숫자 등)
③ 신문지 그림 찾기도 가능하다.(사람 인원수, 꽃 송이, 건물, 자동차 등)

놀이 6 ▶ 신문지 팀빌딩놀이

① 팀으로 나눈다.(2명~3명)
② 팀 별로 신문지를 한 장씩 나누어 준다.
③ 신문지를 접어 가며 팀원들이 신문지 위에 올라선다.
④ 다양한 방법을 활동하여 점점 작아지는 신문지 위에 팀원들이 올라가야 한다.
⑤ 가장 작은 신문지 위에 팀원 모두 올라가야 된다.

놀이 7 ▶ 신문지 고리놀이 Ⅰ

① 두 팀으로 나눈다.
② 일정한 간격을 두고 의자 2개를 놓는다.
③ 일정 선에서 신문지 고리를 던져 의자 위에 놓는다.
④ 팀원 한 명에게 고리 5개를 던지게 한다.
⑤ 의자 위에 고리가 많이 올라간 팀이 1승이다.
⑥ 고리를 던진 친구가 다음 팀원을 위해서 고리를 정리한다.
⑦ 모든 팀원이 고리를 던진 후 더 많이 승리한 팀이 이긴다.

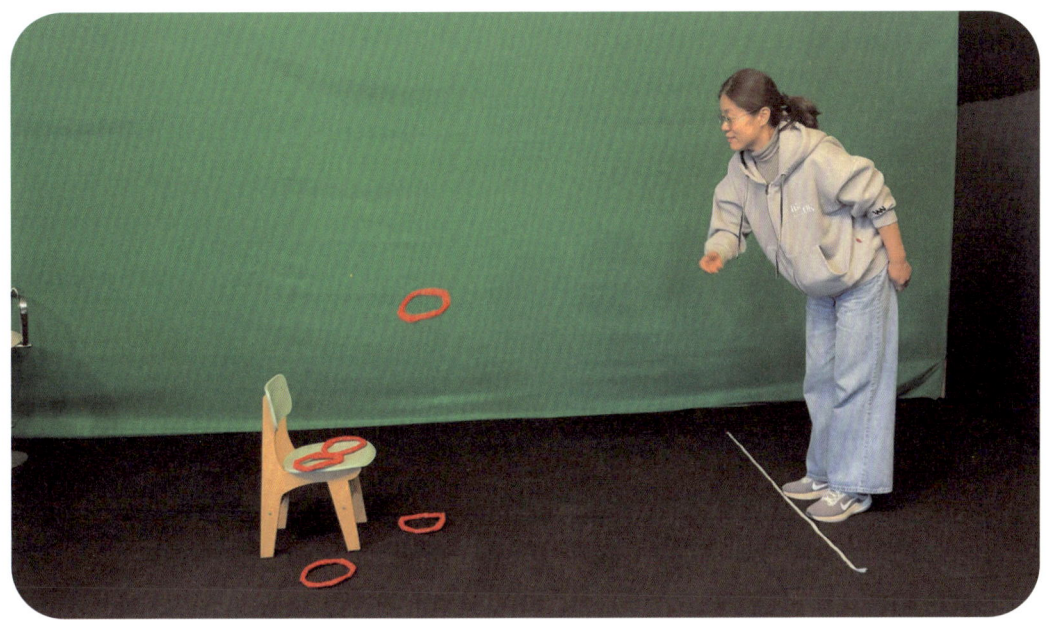

놀이 8 ▶ 신문지 고리놀이 Ⅱ

① 두 팀으로 나눈 후 두 명씩 짝을 만든다.
② 두 명의 짝은 스틱을 드는 친구와 고리를 던지는 친구로 나눈다.
③ 일정 선에서 고리를 던져 스틱을 잡고 있는 친구가 스틱으로 고리를 받는다.
④ 고리 던지기 연습을 시킨다.
⑤ 연습 후 시합 시에는 고리 5개를 준다.
⑥ 두 명은 역할을 바꿔서 놀이를 두 번을 해서 가장 많은 고리를 넣은 팀이 이긴다.
⑦ 모든 팀원이 고리를 던진 후 더 많이 승리한 팀이 이긴다.

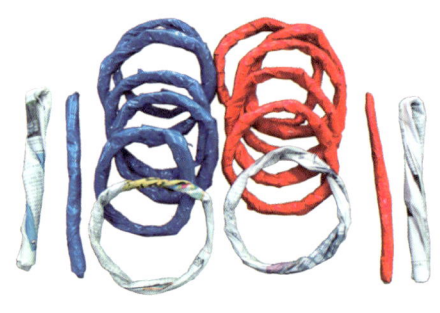 

놀이 9 ▶ 신문지 고리놀이Ⅲ

① 두 팀으로 나눈다.
② 일정한 간격을 두고 의자 2개를 놓는다.
③ 일정 선에서 신문지 고리 신발을 신고 의자 반환점을 돌아온다.
④ 고리 신발을 벗어주면 다음 팀원이 고리 신발을 신고 출발한다.
⑤ 팀원 모두 반환점을 돌아오면 성공이다.
⑥ 고리 신발은 손으로 만질 수 없고 꼭 발로만 끌고 와야 한다.

놀이 말기

- 놀이 활동 중 즐거웠던 이야기 나누기   - 마무리 인사하기

도움말

- 신문을 이유 없이 찢거나 뭉치지 않도록 이야기한다.
- 놀이가 끝난 후에 신문은 공으로 뭉쳐서 정리를 할 수 있도록 한다.
- 놀이 도중에라도 규칙을 계속 이야기한다.

VI. 노래 전래놀이

1. 무궁화 꽃이 피었습니다.
① 무궁화 꽃이 피었습니다. I
② 움직이는 무궁화 꽃이 피었습니다. II
③ 앉아서 하는 무궁화 꽃이 피었습니다. III

2. 우리 집에 왜 왔니?
① 우리집에 왜 왔니? 노래
② 우리집에 왜 왔니? 놀이

3. 여우야 여우야
① 여우야 여우야 노래
② 여우야 여우야 놀이
③ 여우야 여우야 창의 놀이

4. 쎄쎄쎄
① 쎄쎄쎄 노래
② 쎄쎄쎄 율동 및 놀이

5. 꼬마신랑(가마타기)
① 꼬마 신랑 노래
② 꼬마 신랑 놀이
③ 꼬마 신랑 창의 놀이

6. 호박떼기 & 수박떼기
① 호박 떼기 / 수박 떼기 노래
② 호박 떼기 / 수박 떼기 놀이
③ 호박 떼기 / 수박 떼기 창의 놀이

7. 보리밟기
① 보리밟기 노래
② 보리밟기놀이
③ 창의 보리밟기놀이

8. 두껍아 두껍아
① 두껍아 두껍아 노래
② 두껍아 두껍아 놀이

1 | 노래 전래놀이

(1) 유래 및 종류

어린 시절부터 구연으로 전해져 내려오는 노래 중 놀이와 함께하는 놀이가 많았다.

'무궁화 꽃이 피었습니다.' 놀이가 대표적인 노래 놀이다. 노래 놀이 종류로는 우리 집에 왜 왔니, 여우야 여우야, 일 두기 이 두기, 두껍아 두껍아 등이 있다.

(2) 노래 전래놀이

- **교육** : 전래동요와 노래를 알아보고 노래를 활용하는 놀이
- **목표** : 음률. 소근육. 대근육. 집중력. 협동심을 향상시킨다.
- **활동장소** : 교실. 다목적실. 체육관
- **인원** : 소모둠(1~20명)
- **대상** : 유치. 초.중.고
- **준비물** : 종이테이프

놀이 열기

- 전래동요를 알고 있나요?
- 구연 동요와 전래동요 차이점을 알고 있나요?
- 전래동요를 활용한 놀이에는 어떤 놀이가 있을까요?

놀이 풀기

---

1 무궁화 꽃이 피었습니다 ♫

놀이 1 ▶▶ 무궁화 꽃이 피었습니다 I

① 술래를 정한다.
② 술래는 벽에 기대서서 '무궁화 꽃이 피었습니다' 외친다.
③ 출발선에 모든 친구들은 준비한다.

④ 술래가 '무궁화 꽃이 피었습니다' 노래하는 동안 움직여서 술래 곁으로 다가간다.
⑤ 술래가 보고 있을 때 움직이게 되면 술래와 새끼손가락으로 깍지를 낀다.
⑥ 술래와 깍지를 끼지 않은 친구 중에서 술래에게 다가와 깍지 낀 손가락 사이를 끊어 주면 모두 출발선 안으로 들어가야 한다.
⑦ 술래는 도망가는 친구 중 출발선 안으로 들어가기 전에 터치하면 그 친구는 다음 술래를 한다.
⑧ 창의 놀이로는 무궁화 꽃이 아닌 동물 꽃, 짝꿍 꽃, 자석 꽃 등 움직이는 창의기법으로 유도를 한다.

놀이 2 ▶ 움직이는 무궁화 꽃이 피었습니다 Ⅱ

① 술래를 정한다.
② 술래는 술래 선에서 준비하고 나머지 친구들은 출발선에서 준비한다.(술래는 벽을 보고 시작하지 않는다.)
③ 술래는 동작 지시를 한다.(예시: 스프링 꽃이 피었습니다. 뱀 동작, 얼굴자석/실내만 가능, 토끼 띔, 팔 벌려 뛰기 동작)
④ 술래가 외치면 모든 친구들은 스프링처럼 발을 모아서 점프하며 앞으로 간다.
⑤ 술래가 "멈춰" 소리에 모든 친구들은 차렷 자세로 멈춰야 한다.
⑥ 술래가 동작 지시한 자세가 아닌 친구는 출발선으로 다시 간다.
⑦ 술래가 정한 동작 지시를 정확히 한 친구는 술래 선으로 들어오면 된다.(선착순은 몇 명정한다.)
⑧ 술래를 다시 정할 때는 가장 빠르게 술래 선에 들어온 친구로 한다.(술래는 여러 명이 할 수 있도록 유도한다.)

놀이 3 ▶▶ 앉아서 하는 무궁화 꽃이 피었습니다Ⅲ - 교실 놀이

① 술래를 정한다.
② 모든 친구들은 자기 자리에 앉아서 시작한다.(책상은 치우지 않는다.)
③ 술래는 친구들에게 동작 지시를 먼저 안내한다.
④ 술래가 "막춤 꽃이 피었습니다"를 외치면 모든 친구들은 자기 자리에 앉아서 상체만 막춤을 춘다.
⑤ 막춤을 추다가 술래가 "멈춰" 하면 모든 친구들은 차렷 자세로 멈춰야 한다.
⑥ 모든 친구들이 술래를 할 수 있도록 한다.(술래 창의성 놀이)

 (동작 지시 ➡ 시계꽃, 로봇 꽃, 웃는 얼굴, 우는 얼굴, 캐릭터, 아이돌, 머리 숙이고 양팔 높이, 양팔/양발 모두 들기 등)

2 우리집에 왜 왔니? 🎵

놀이 1 ▶▶ 우리집에 왜 왔니? 노래

우리집에 왜 왔니 왜 왔니 왜 왔니
꽃 찾으러 왔단다 왔단다 왔단다
무슨 꽃을 찾으러 왔느냐 왔느냐 왔느냐
OO 꽃을 찾으러 왔단다 왔단다.
가위 바위 보

놀이 2 ▶▶ 우리집에 왜 왔니? 놀이

① 두 팀으로 나눈다.
② 일정한 간격을 두고 두 팀은 팀원들과 손을 잡고 마주 보고 선다.
③ 가위바위보를 하여 시작 팀을 정한다.
④ 시작 팀이 우리 집에 왜 왔니 왜 왔니 왜 왔니 상대팀 쪽으로 노래를 부르며 전진한다.
⑤ 상대팀은 꽃 찾으러 왔단다 왔단다 왔단다 시작 팀 쪽으로 노래를 부르며 전진한다.
⑥ 시작 팀 무슨 꽃을 찾으러 왔느냐 왔느냐 왔느냐 상대팀 쪽으로 노래를 부르며 전진한다.
⑦ 상대팀 OO 꽃을 찾으러 왔단다 왔단다. 시작 팀 쪽으로 노래를 부르며 전진한다.
⑧ 시작 팀원 한 명과 상대팀에 OO 꽃이라 지정된 친구와 가위 바위 보를 한다.
⑨ 가위바위보 해서 지면 반대 팀으로 이동한다.

⑩ 팀원 한 명이 남을 때까지 반복한다.

3 여우야~ 여우야 🎵

놀이 1 ▶▶ 여우야~ 여우야 노래

여우야 여우야 뭐 하니 ➡ 잠잔다 ➡ 잠꾸러기
여우야 여우야 뭐 하니 ➡ 세수한다 ➡ 멋쟁이
여우야 여우야 뭐 하니 ➡ 밥 먹는다 ➡ 무슨 반찬 ➡ 개구리 반찬 ➡ 죽었니 살았니 ➡ 죽었다/살았다

놀이 2 ▶▶ 여우야~ 여우야 놀이

① 술래는 1~2명의 친구로 정한다.(인원에 따라 다르게 정한다.)
② 술래는 원안에 들어가 있는다.
③ 나머지 친구는 출발선 밖에 있는다.
④ 친구들이 여우야 여우야 뭐 하니 노래를 하며 술래 쪽으로 이동한다.
⑤ 술래는 잠잔다 노래를 하며 잠자는 동작을 한다.
⑥ 친구들이 잠꾸러기 노래를 하고 움직이지 않는다.
⑦ 친구들이 여우야 여우야 뭐 하니 노래를 하며 술래 쪽으로 이동한다.
⑧ 술래는 세수한다 노래를 하며 세수하는 동작을 한다.
⑨ 친구들이 멋쟁이 노래를 하고 움직이지 않는다.
⑩ 친구들이 여우야 여우야 뭐 하니 노래를 하며 술래 쪽으로 이동한다.
⑪ 술래는 밥 먹는다 노래를 하며 밥 먹는 동작을 한다.
⑫ 친구들이 무슨 반찬 노래를 하고 움직이지 않는다.
⑬ 술래는 개구리 반찬 노래를 하며 밥 먹는 동작을 한다.
⑭ 친구들이 죽었니 살았니 노래를 하고 움직이지 않는다.
⑮ 술래는 죽었다/살았다 중에 하나를 선택하여 말한다.(죽었다 ➡ 움직일 수 없다. /살았다 ➡ 출발선으로 들어간다.)

술래는 죽었다 ➡ 움직이는 친구를 찾는다. 술래는 살았다 ➡ 출발선으로 들어가지 못한 친구를 터치한다.

술래에게 터치된 친구가 다음 술래를 한다.

놀이 3 ▶ **여우야~ 여우야 창의 놀이**

① 술래는 1~2명의 친구로 정한다.(인원에 따라 다르게 정한다.)
② 술래는 원안에 들어가 있는다.
③ 나머지는 친구는 출발선 밖에 있는다
④ 노래 중 살았다/죽었다 부분에서는 창의적으로 변경할 수 있다.
　예시 : 여우가 아닌 동물 변경　토끼 ➡ 맛없다 / 맛있다
　예시 : 술래가 지시하는 동작 변경 ➡ 두 발 / 한 발, 눈 뜨기 / 눈 감기, 깡충깡충 / 엉금엉금
⑤ 놀이1에 있는 모든 노래는 같으나 동작이나 동물을 변경할 수 있다.

4 쎄쎄쎄 ♫

놀이 1 ▶ **쎄쎄쎄 노래**

쎄 쎄 쎄~~

아침 바람 찬 바람에

울고 가는 저 기러기

우리 선생 계실 적에

엽서 한 장 써 주세요.

구리 구리 구리 구리

가위 바위 보

놀이 2 ▶ **쎄쎄쎄 율동 및 놀이**

① 두 명이 한 팀을 한다.
② 서로 마주 보고 손동작을 익힌다.
③ 쎄 쎄 쎄 상대방의 손을 잡고 세 번 흔든다.
④ 아침 바람 찬 바람에 오른손으로 상대방의 손바닥을 치고 왼손으로 친다.(교차 동작으로 두 번 반복한다.)
⑤ 울고 가는 저 기러기 우는 동작을 하고 오른손으로 한쪽을 가리킨다.
⑥ 우리 선생 계실 적에 오른손으로 상대방의 손바닥을 치고 왼손으로 친다.(교차 동작으로 두 번 반복한다.)

⑦ 엽서 한 장 써 주세요. 왼 손바닥을 펴고 오른손 검지 손가락으로 글 쓰는 흉내를 한다.

⑧ 구리 구리 구리 구리 두 손 가볍게 주먹을 쥐고 왼손 오른손 겹치게 굴린다.

⑨ 가위 바위 보 두 명이 왼손을 잡고 오른손으로 가위 바위 보를 한다.

⑩ 이긴 사람은 진 사람 목뒤에 손가락으로 찍는다.(원하는 한 손가락으로 찍는다.)

⑪ 진 사람은 어떤 손가락인지 찾는다.

⑫ 찍은 손가락을 찾을 때까지 계속한다.

5 꼬마신랑(가마타기) ♪

놀이 1 ▶▶ 꼬마신랑 노래

꼬마신랑 나가신다. 길을 비 켜라

꼬마신부 나가신다. 길을 비 켜라

놀이 2 ▶▶ 꼬마신랑 놀이

① 두 팀으로 나누고 팀원에서 세 명이 한 팀을 한다.

② 두 명은 가마를 만들고 한 명은 가마를 탄다.

③ 가마 만드는 두 명은 서로 마주 보고 본인 오른손으로 왼쪽 손목을 잡는다.

④ 왼손으로 상대방에 오른쪽 손목을 잡는다.(가마 완성)

⑤ 한 명은 가마 위에 올라탄다.

⑥ 양 팀은 반환점을 돌아서 오면 다음 팀이 출발한다.(노래를 부르며 반환점을 돌아온다.)

⑦ 모든 팀원이 반환점을 돌아오면 이긴다.

놀이 3 ▶▶ 꼬마신랑 창의 놀이

① 두 명이 한 팀을 한다.

② 두 명은 가마를 만든다.

③ 모든 친구들은 큰 원으로 앉아 있다.

④ 원 안에서 두 명의 가마꾼이 시작한다.

⑤ 노래를 부르며 원하는 친구에게 다가가서 가위바위보를 한다.(두 명 모두)

⑥ 진 친구는 가마를 하고 이긴 친구는 자라에 앉는다.

⑦ 두 명의 가마꾼은 시작 전 서로 가위바위보를 해서 이긴 친구가 가위바위보 할 친구를 정하도록 한다.(두 명이 협의해서 진행하여도 된다.)
⑧ 모든 친구들이 가마꾼이 될 수 있도록 유도한다.

6 호박떼기 & 수박떼기 ♪

놀이 1 ▶▶ 호박떼기 / 수박떼기 노래

【호박떼기 노래】
① 호박 따러 왔다(호박 따러 왔다.)
② 씨 사러 갔다(호박 따러 왔다.)
③ 인제 가지고 왔다(호박 따러 왔다.)
④ 밭에 갈았다(호박 따러 왔다.)
⑤ 씨를 뿌렸다(호박 따러 왔다)
⑥ 비가 내렸다(호박 따러 왔다)
⑦ 바람이 불었다(호박 따러 왔다)
⑧ 해가 쨍쨍(호박 따러 왔다)
⑨ 씨가 튼다(호박 따러 왔다)
⑩ 잎이 났다(잎이 났다)
⑪ 꽃이 폈다(꽃이 폈다)
⑫ 열매가 달렸다(열매가 달렸다)
⑬ 인제 익어간다(인제 익어간다)
⑭ 다 익었다(다 익었다)
⑮ 다 따가거라

【수박떼기 노래】
① 수박 따러 왔다(수박 따러 왔다.)
② 씨 사러 갔다(수박 따러 왔다.)
③ 인제 가지고 왔다(수박 따러 왔다.)
④ 밭에 갈았다(수박 따러 왔다.)
⑤ 씨를 뿌렸다(수박 따러 왔다)
⑥ 비가 내렸다(수박 따러 왔다)
⑦ 바람이 불었다(수박 따러 왔다)
⑧ 해가 쨍쨍(수박 따러 왔다)
⑨ 씨가 튼다(수박 따러 왔다)
⑩ 잎이 났다(잎이 났다)
⑪ 꽃이 폈다(꽃이 폈다)
⑫ 열매가 달렸다(열매가 달렸다)
⑬ 인제 익어간다(인제 익어간다)
⑭ 다 익었다(다 익었다)
⑮ 다 따가거라

놀이 2 ▶▶ 호박떼기 / 수박떼기 놀이

① 세 명의 친구와 놀이를 한다.
② 호박 친구 한 명, 떼는 친구 한 명, 호박을 지키는 친구 한 명을 정한다.
③ 호박 친구는 허리에 호박을 단다. 호박 친구는 손을 사용할 수 없기 때문에 가슴에 손을 X자로 모은다.
④ 호박을 지키는 친구는 호박을 떼는 친구를 잡을 수 없다.
⑤ 호박을 떼는 친구는 호박 친구의 몸이나 옷을 잡으면 안 되고 호박만 떼어야 한다.
⑥ 일정한 시간 안에 호박을 떼어야 한다.

놀이 3 ▶▶ 호박떼기 / 수박떼기 창의 놀이

① 밭주인 한 명, 떼는 사람 한 명, 나머지 모두 호박 & 수박이다.
② 호박 & 수박 친구들은 원을 만들고 뒤로 돌아 팔짱을 끼고 앉는다.(다리를 편다.)
③ 밭주인 한 명은 원 안에 있다.
④ 호박&수박을 떼는 친구는 원 밖에서 움직인다.
⑤ 밭주인과 호박 & 수박을 떼는 친구는 서로 노래를 주고받는다.
⑥ 다 따가거라 호박 & 수박을 떼는 친구는 호박 & 수박 친구 중에 한 명의 다리를 잡고 뽑는다.
⑦ 호박 & 수박을 떼는 친구는 호박 & 수박 친구 중 3번 만에 잡고 뽑아야 한다.

7 보리밟기 ♬

놀이 1 ▶▶ 보리밟기 노래

어깨동무 씨동무 미나리 밭에 앉았다.
동무동무 씨동무 보리가 나도록 씨동무
가위 바위 보

놀이 2 ▶▶ 보리밟기놀이

① 넓은 공간에 각자 자유롭게 서 있는다.
② 어깨동무 씨동무 미나리 밭에 노래에 자유롭게 움직인다.(서 있는 친구들)
③ 앉았다. 노래에 제자리에 앉는다.
④ 동무동무 씨동무 보리가 나도록 씨동무 노래에 자유롭게 움직이며 가위바위보 할 친구를 찾는다.

⑤ 두 명이 마주 보고 가위바위보를 한다.
⑥ 가위바위보 해서 진 친구는 이긴 친구 뒤 허리를 잡고 기차를 만든다.
⑦ 최종 두 팀이 나올 때까지 한다.
⑧ 두 팀이 되면 일정한 간격을 두고 서로 마주 본다.
⑨ 어깨동무 씨동무 미나리 밭에 노래하면서 상대팀으로 다가간다.(가위바위보 해서 먼저 할 팀을 정한다.)
⑩ 앉았다. 노래에 모두 제자리에 앉는다.
⑪ 동무동무 씨동무 보리가 나도록 씨동무 노래에 상대팀으로 다가간다.
⑫ 팀의 대표 두 명이 앞으로 나와 가위바위보를 한다.
⑬ 가위바위보 해서 진 친구는 이긴 친구 팀으로 간다.
⑭ 상대방의 모든 팀원을 데리고 오면 놀이가 끝난다.

놀이 3 ▶ 창의 보리밟기놀이(노래 변경)

① 두 팀이 되면 일정한 간격을 두고 서로 마주 보고 자리에 앉는다.
② 어깨동무 씨동무 보리가 나도록 씨동무 노래하면서 모두 어깨동무를 하고 움직인다.
③ 동무동무 씨동무 미나리 밭에 앉았다. 노래하면서 모두 어깨동무를 하고 움직인다.
④ 팀의 대표 두 명이 앞으로 나와 가위바위보를 한다.
⑤ 가위바위보 해서 진 친구는 이긴 친구 팀으로 간다.
⑥ 상대방의 모든 팀원을 데리고 오면 놀이가 끝난다.
⑦ 놀이의 단계 조절하여 놀이를 한다.(앉아 있는 상태에서 한다.)

예시 : 1단계 ➡ 어깨동무한다.
2단계 ➡ 어깨동무하고 다리를 구부려서 양발 밟기 한다.
3단계 ➡ 어깨동무하고 양발 밟으며 허리를 숙인다.
4단계 ➡ 어깨동무하고 누워서 다리를 들고 양발 하늘에 밟기를 한다.

8 두껍아두껍아 ♪

놀이 1 ▶ 두껍아두껍아 노래

두껍아 두껍아 헌 집 줄게 새집 다오

두껍아 두껍아 물 길어 오너라 너희 집 지어 줄게

두껍아 두껍아 너희 집에 불났다.

쇠스랑 가지고 뚤레뚤레 오너라

가위 바위 보

놀이 2 ▶ 두껍아두껍아놀이

① 술래 한 명을 포함해서 다섯 명의 인원이 놀이에 참여하면 좋다.

② 술래 한 명은 등을 보여 주고 엎드린다.

③ 나머지 친구들은 술래의 등에 왼손을 올리고 오른손으로 왼손을 두드리며 노래를 한다.

④ 가위 바위 보에서 진 사람은 술래가 된다.

놀이 말기

- 놀이 활동 중 즐거웠던 이야기 나누기
- 마무리 인사하기

도움말

- 전래 노래를 숙지하는 시간을 가지고 놀이 중에 친구들이 노래를 부를 수 있도록 한다.
- 놀이 도중에라도 규칙을 계속 이야기한다.
- 규칙의 중요성도 필요하지만 연령과 놀이에 따라 규칙을 완화시켜서 놀이에 즐거움을 준다.

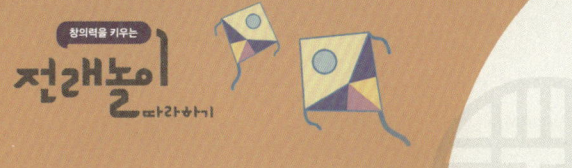

Ⅷ 신체 전래놀이

1. 얼음 땡 술래잡기
2. 한걸음 술래잡기
3. 돈가스 술래잡기
4. 열발뛰기 술래잡기
5. 의자뺏기 술래잡기
6. 깡통차기 술래잡기
7. 창의 숨바꼭질 술래잡기

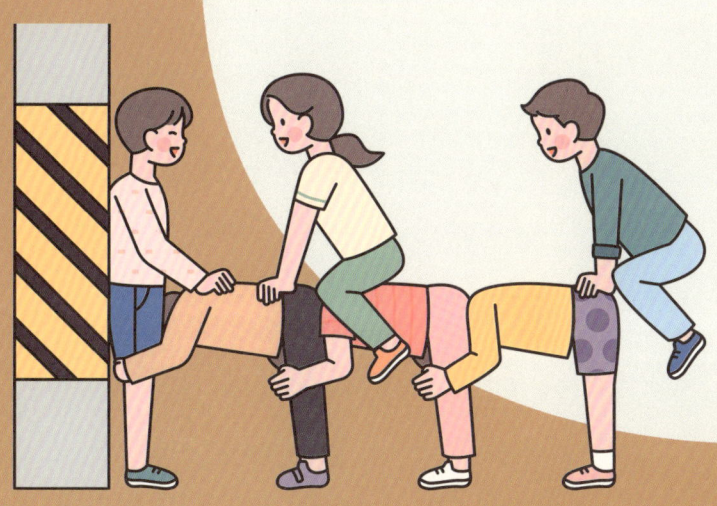

1. 신체 전래놀이

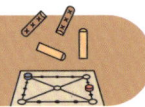

(1) 유래 및 종류
　　전래놀이 중에는 도구를 사용하지 않고 신체를 이용하여 활동하는 놀이가 많이 있다. 신체를 이용하는 놀이 중에는 술래잡기, 오징어놀이, 돈가스놀이, 얼음땡놀이 등이 있다. 신체로 활동을 하면 활동 중 격하게 하는 친구들이 있으니 주의가 필요하다.

(2) 신체 전래놀이
- **교육** : 규칙의 중요성을 알고 서로 배려와 협동이 필요한 신체 놀이
- **목표** : 소근육. 대근육. 집중력. 협동심을 향상시킨다.
- **활동장소** : 교실. 다목적실. 체육관. 운동장
- **인원** : 소모둠(1~20명)
- **대상** : 유치. 초.중.고
- **준비물** : 종이테이프

놀이 열기
- 술래잡기놀이를 해봤나요?
- 술래잡기놀이는 어떻게 하나요?
- 술래잡기놀이를 하는 중 다친 적 있나요?
- 다치지 않으려면 어떻게 해야 할까요?

놀이 풀기

1 얼음땡 술래잡기 🎵

놀이 1 ▶▶ 얼음땡 술래잡기

① 술래를 한 명 정한다.(인원에 따라 2명이나 3명을 해도 된다.)
② 술래 이외의 친구들은 도망을 다니다가 술래에게 터치 되는 순간에 얼음을할 수 있다.(얼음을 할 수 있는 횟수는 3회 정도가 적당하다.)
③ 얼음이 된 친구는 얼음이 되지 않은 친구가 땡을 해주면 다시 움직일 수 있다.
④ 술래가 세 명에서 다섯 명의 친구를 터치하면 터치된 친구 중 한 명이 다음 술래를 한다.
⑤ 여러 명의 친구가 술래가 될 수 있도록 유도한다.
⑥ 터치된 친구들은 일정한 공간에서 대기하도록 한다.
⑦ 술래는 친구들의 옷을 잡아당기거나 터치할 때 너무 세게 하지 않도록 한다.

2 한걸음 술래잡기 🎵

놀이 2 ▶▶ 한걸음 술래잡기

① 술래를 정한다.
② 모든 친구들은 자유롭게 자리를 잡고 선다.
③ 술래는 큰소리로 하나 둘 셋을 외치며 셋에 한 걸음 이동한다.(한 걸음이 어려우면 두발을 모으고 한 번 폴짝 뛰어도 된다.)
④ 술래 외의 모든 친구들은 술래가 셋이라고 외치는 순간 이동할 수 있다.
⑤ 한 걸음 이동한 술래는 손을 뻗어 손으로 터치할 수 있는 친구를 터치한다.
⑥ 친구들은 술래가 터치하려고 하면 터치 되지 않도록 노력하되 발은 이동할 수 없다.
⑦ 술래에게 터치된 친구들은 일정한 공간에 이동하여 대기하도록 한다.
⑧ 술래는 다시 하나 둘 셋을 외치고 한 걸음 이동하여 놀이를 계속 진행한다.
⑨ 모든 친구들이 술래에게 터치되면 놀이가 끝난다.(놀이가 길어질 경우 술래가 터치하는 친구의 인원 수를 정해도 좋다.)

3 돈가스 술래잡기 🎵

놀이 3 ▶▶ 돈가스 술래잡기

① 술래를 정한다.
② 지름 50cm 정도의 원을 바닥에 그린다.(훌라후프 사용 가능하다.)
③ 모든 친구들은 순서를 정한다.(자기의 순서를 기억한다.)
④ 첫 번째 친구부터 큰 소리로 "돈"이라고 외치고 원을 밟는다.("돈"에서 꼭 원을 밟아야 한다.)
⑤ "가"라고 외치고 원 밖에 가고 싶은 곳을 정해 한 발 이동한다.
⑥ "스"라고 외치고 한 발 이동한 후 자리를 잡는다.
⑦ 순서에 맞추어 모든 친구들이 돈가스를 한 후 마지막에 술래가 돈가스를 한다.
⑧ 술래는 발을 사용하여 "스"에 한 명의 친구 발을 터치할 수 있다.(발을 터치 할 때 친구의 발을 밟지 않도록 주의하며 터치하도록 한다.)
⑨ 발이 터치된 친구는 일정한 공간에서 대기하도록 한다.
⑩ 술래 다음에는 다시 첫 번째 친구의 순서가 되는데 이때 꼭 "돈"이라고 외치고 원을 밟아야 한다.(원

을 밟지 못해도 놀이에 참여하지 못하고 대기 공간으로 이동한다.)
⑪ 모든 친구들이 술래에게 터치 되면 놀이가 끝난다.(놀이가 길어질 경우 술래가 터치하는 친구의 인원수를 정해도 좋다.)
⑫ 다른 방법으로 한 명의 술래를 정하지 않고 모든 친구들이 술래가 되어 친구 발을 터치할 수 있는 규칙을 두고 놀이를 하여도 된다.

④ 열발뛰기 술래잡기 ♪

놀이 4 ▶▶ 열발뛰기 술래잡기

① 두 팀으로 나눈다.
② 각 팀에서 술래 한 명을 정한다.
③ 팀의 술래 한 명은 상대 팀의 팀원을 터치할 수 있다.
④ 바닥의 출발선에 팀원 모두가 선다.
⑤ 상대방 팀의 술래가 원하는 발의 뛰기를 정한다.(한발에서 열발 중에 정한다.)
⑥ 팀원들은 상대방 팀의 술래가 정한 발의 수에 맞게 모두 출발선에서 출발하여 움직인다.
⑦ 팀원들이 모두 뛰었다면 상대팀 술래는 팀원들이 뛴 발의 수보다 한발 적게 뛴다.(5발 뛰기- 팀원들은 다섯발 술래는 네발을 뛴다.)
⑧ 상대 팀 술래는 손으로 터치할 수 있는 친구를 터치한다.
⑨ 더 이상 터치할 수 있는 친구가 없으면 술래는 다시 뛰어온 발수만큼 뛰어서 출발선 안으로 들어온다.(출발선 안으로 들어오지 못하면 술래도 놀이에 참여하지 못하고 대기한다.)
⑩ 상대 팀의 술래가 출발선에 도착하면 팀원들도 뛰었던 발수만큼 뛰어 출발선으로 들어온다.(출발선 안으로 들어오지 못하면 놀이에 참여하지 못하고 대기한다.)
⑪ 팀의 술래가 놀이에 참여하지 못하면 팀원 중 한 명이 술래가 된다.
⑫ 상대방의 모든 팀원이 대기 공간으로 가면 놀이가 끝난다.
⑬ 놀이를 시작하기 전에 모든 친구가 한발에서 열발뛰기 연습을 해 거리감과 한 발의 감각을 익히면 놀이에 좀 더 즐겁게 참여할 수 있다.

5 의자뺏기 술래잡기 🎵

놀이 5 ▶▶ 의자뺏기 술래잡기(왕 잡기)

① 두 팀으로 나눈다.
② 팀원들은 자유롭게 왕 의자를 지키는 친구, 감옥을 지키는 친구, 상대방을 견제하는 친구로 나눈다.
③ 상대 팀의 눈을 피해 터치되지 않고 상대 팀의 왕 자리에 앉으면 되는 놀이이다.
④ 상대 팀의 공간에 들어가면 상대 팀에게 터치될 수 있다.
⑤ 상대 팀에게 터치가 되면 상대 팀 창고에 들어간다.
⑥ 창고에 있는 친구를 우리 팀이 터치하면 다시 놀이에 참여한다.(돌아오면서 양손을 흔들며 "딸랑딸랑" 소리를 내며 우리 팀으로 들어와야 상대 팀이 착각하지 않고 터치하지 않는다.)
⑦ 창고에서 살아나서 놀이 공간으로 돌아가는 친구는 터치하지 않는다.
⑧ 놀이 공간의 가운데 팀을 나누는 곳에서 서로 견제하다가 터치가 된 경우는 가위바위보를 한다.(진 친구는 상대방의 창고로 가서 대기한다.)
⑨ 창고에 여러 명의 친구가 있는 경우는 서로 신체를 이용하여 긴 줄을 만들어 팀원에게 터치되기 쉽게 하여 다시 놀이에 참여할 기회를 얻도록 한다.(한 명이 살아나거나 줄을 만든 모든 인원이 살아나는 것은 규칙으로 정한다.)
⑩ 상대방의 왕 의자에 앉으면 놀이가 끝난다.
⑪ 서로 배려하고 희생하면서 놀이가 더 즐겁게 진행된다.

6 깡통차기 술래잡기 🎵

놀이 6 ▶ 깡통차기 술래잡기(500ml 생수에 물을 3/1 채워서 사용한다.)

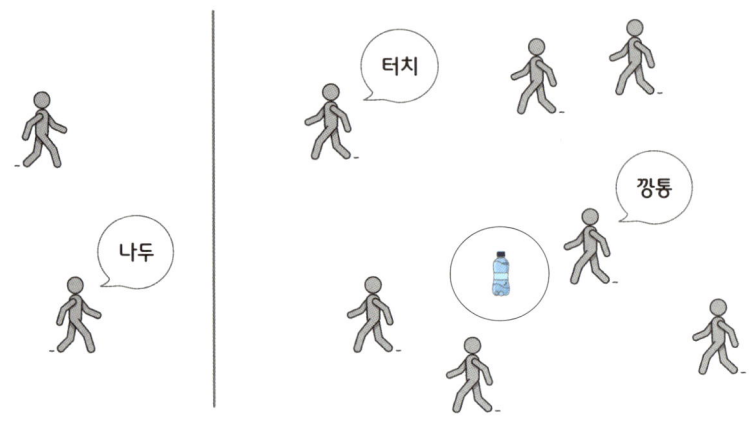

① 놀이 공간과 술래를 정한다.(놀이 인원수에 따라 술래를 두 명에서 세 명까지 정한다.)
② 원을 만들어 깡통을 원 안에 둔다.(훌라후프 가능)
③ 술래 외의 한 명의 친구가 원 안의 깡통을 원 밖으로 세 번 차면 나머지 친구들은 도망간다.
④ 술래는 재빨리 깡통을 원 안에 가져다 놓고 친구들을 터치하러 다닌다.(놀이 시작)
⑤ 술래에게 터치된 친구와 놀이 공간에서 벗어난 친구는 대기 공간에서 대기한다.
⑥ 술래를 피해 다니다가 원 안의 깡통을 차면 대기 공간의 친구 한 명이 놀이에 다시 참여한다.(대기 공간에 들어간 순서를 기억한다.)
⑦ 원 밖에 있는 깡통은 아무도 찰 수 없다.
⑧ 술래는 깡통이 원 안에 없으면 친구들을 터치할 수 없으므로 수시로 깡통의 위치를 확인하며 친구들을 터치하러 다닌다.
⑨ 술래의 인원이 많은 경우 깡통을 지키는 술래와 터치하는 술래를 자유롭게 정해 놀이에 참여한다.
⑩ 모든 친구가 술래에게 터치되면 놀이가 끝난다.(술래가 터치하는 친구의 인원수를 정해도 되고 정해진 시간 동안 놀이를 진행해도 된다.)

6 창의 숨바꼭질 술래잡기

놀이 7 ▶▶ 창의 숨바꼭질 술래잡기(교실 놀이)

① 술래를 정한다.(놀이 인원수에 따라 술래를 두 명에서 세 명까지 정한다.)
② 나머지 친구들은 숨길 수 있는 각자 자기 물건을 정하고 술래에게 보여준다.(부피가 큰 물건이 좋다.
　➜ 공을 크기별로 준비, 실내화 가방, 큰 필통, 모자, 크레파스 등)
③ 술래는 물건을 본 후 칠판 쪽을 보고 눈을 감고 돌아선 후 숫자를 센다.(천천히 10을 세거나 자유롭게 정해도 된다. 혹은 교실 밖에서 대기해도 된다.)
④ 친구들은 자기 물건을 교실 내에 자유롭게 숨기도록 한다.
⑤ 술래는 숫자를 센 후 숨겨진 물건을 찾도록 한다.
⑥ 찾는 물건의 수를 정해도 되고 일정한 시간 동안 찾은 물건의 수를 비교해서 놀이를 진행해도 된다.

놀이 말기
- 놀이 활동 중 즐거웠던 이야기 나누기
- 마무리 인사하기

도움말
- 신체놀이 특성상 친구와 신체가 부딪치는 상황에 대해 충분히 이해하도록 이야기한다.
- 놀이 도중에라도 규칙을 계속 이야기한다.
- 규칙의 중요성도 필요하지만 연령과 놀이에 따라 규칙을 완화시켜서 놀이에 즐거움을 준다.

메모

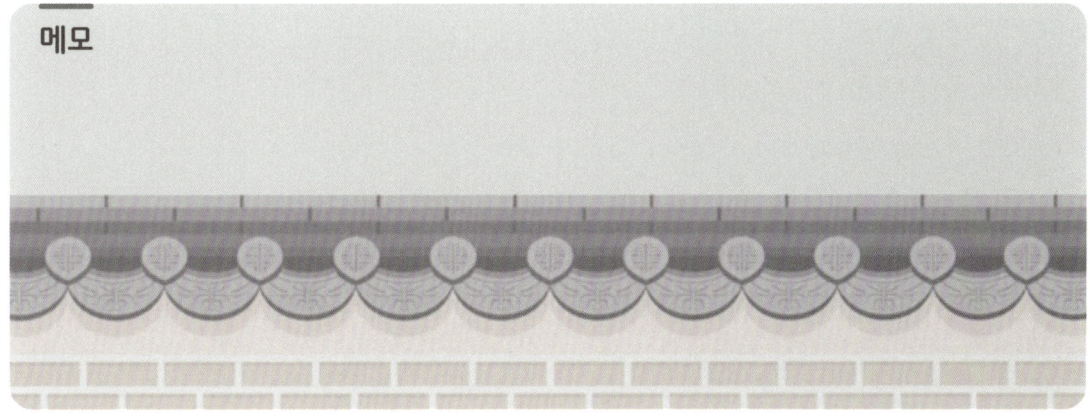

IX 놀이지도안

전래놀이지도안

1) 강의계획서

전래놀이 교육프로그램 운영계획서

프로그램명	창의 전래놀이	학교명	00초등학교
제 목	친구야 ~ 놀자	성 명	추 연 래
연락처		이메일	
학 년	1학년~6학년	일 시	
필요요건(환경)	다목적실. 무용실 (프로그램 요청에 따라 교실에서도 가능)		
프로그램 목적	창의인성 전래놀이 우수 컨텐츠로 놀이를 통해 내면을 바르고 건전하게 가꾸고, 타인·공동체·자연과 더불어 사는데 필요한 성품과 역량을 기르고, 신체를 이용한 다양한 놀이를 통해 건강한 어린이로 성장하는데 목적을 둔다.		
프로그램 개요	대·소 근육 발달, 균형 감각과 리듬감 발달 등의 신체발달에 도움을 주고 정서적으로 긍정적인 아동으로 성장함으로 올바른 8가지 예절, 정직, 책임, 배려, 소통, 협동, 창의성, 긍정 인성교육에 목표를 둔다.		

프로그램 계획

차시	날짜/요일	학습주제	프로그램 내용	비고
1	5/7 (화)	친밀감 형성놀이 (덩더쿵 놀이)	- 활동내용 : 예절 인사 - 활동내용 : 안전 규칙 안내 - 활동내용 : 집중 코알라 놀이 - 활동내용 : 친밀감 청청 맑아라. - 활동내용 : 창의 무궁화 꽃이 피었습니다.	편안한 복장

차시	날짜/요일	학습주제	프로그램 내용	비고
2	5/14 (화)	고무줄놀이 (양말목 활용)	- 활동내용 : 한줄 고무줄놀이 - 활동내용 : 두 줄 고무줄놀이 - 활동내용 : 삼각 고무줄놀이	편안한 복장
3	5/28 (화)	제기놀이 (보자기 활용)	- 활동내용 : 끈 제기 활동 놀이 - 활동내용 : 2명이 하는 보자기 제기놀이 - 활동내용 : 10명이 하는 보자기 팀 빌딩 놀이 - 활동내용 : 모두 함께하는 보자기 왕제기	편안한 복장
4	6/11 (화)	매미놀이 (대나무 활용)	-활동내용 : 나의 대나무 매미 만들기 -활동내용 : 음악과 함께 대나무 매미 돌리기 -활동내용 : 대나무 매미 집게로 잡아서 이동하기 놀이 팀 빌딩 놀이	매미 색연필
5	6/18 (화)	신발 찾기 (검정. 흰 고무신. 짚신 활용)	-활동내용 : 고무신. 짚신 던져 점수 내기 놀이 -활동내용 : 고무신 신고 달리기 릴레이 놀이 -활동내용 : 내 신발 찾기 놀이	편안한 복장
6	6/25 (화)	구슬치기 (병뚜껑 활용)	- 활동내용 : 둘이 하는 병뚜껑 치기 놀이 - 활동내용 : 팀 빌딩 병뚜껑 치기 놀이 - 활동내용 : 병 뚜껑 받기 놀이 - 활동내용 : 팀 빌딩 병뚜껑 전달 놀이	편안한 복장

차시	날짜/요일	학습주제	프로그램 내용	비고
7	7/02 (화)	돼지몰이 (돼지저금통 활용)	- 활동내용 : 발로 몰며 돼지 몰기 - 활동내용 : 스틱을 이용하여 돼지우리에 넣기 - 활동내용 : 스틱을 양쪽으로 잡고 바비큐 - 활동내용 : 돼지 컬링 놀이	편안한 복장
8	9/20 (금)	창의윷놀이 (대윷. 네모판)	-활동내용 : 윷놀이 유래 -활동내용 : 창의 윷놀이 (찍찍이 창의 윷놀이) -활동내용 : 대 윷놀이	편안한 복장
9	9/27 (금)	꼬리따리놀이 (동물꼬리 과일모양)	- 활동내용 : 한 명은 꼬리를 허리에 달기 - 활동내용 : 한 명은 강아지 모자 쓰기 - 활동내용 : 한 명은 곰 모자를 쓰고	편안한 복장
10	10/18 (금)	산가지놀이 (나뭇가지 활용)	- 활동내용 : 대산가지 때기 놀이 규칙 설명 - 활동내용 : 대산가지 때기 놀이 - 활동내용 : 내가 때어서 가져온 산가지 연산 계산 - 활동내용 : 가위. 바위. 보 산가지놀이	편안한 복장
11	11/8 (금)	비사치기 (나무. 돌멩이 지우개 활용)	- 활동내용 : 3발, 2발 뛰어서 하는 미션 비사치기놀이 또는 몸에 비사 올려치기 놀이	편안한 복장
12	11/15 (금)	고리던지기 (신문지 활용)	- 활동내용 : 신문지 고리 만들기 - 활동내용 : 신문지 고리 던지기 - 활동내용 : 신문지 고리 연결 단체 활동	편안한 복장

현장에 따라 프로그램 변경될 수 있습니다.

2) 강의계획서 양식

강의계획서			
프로그램명		기 관	
제 목		성 명	
연락처		이메일	
대 상		일 시	
프로그램 목적			
프로그램 개요			
강의 목록	세부내용		기능 및 기대효과
OPENING			
본강의			
마무리			
끝인사			

3) 놀이지도방법

	놀이지도방법		
대상	아동놀이	실버놀이	실버놀이
대단원	신체운동	신체운동	신체운동
소단원	우리 집에 왜 왔니?	우리 집에 왜 왔니?	
목표	신체운동 및 협동심을 기른다.	신체운동 및 옛 추억을 환기시킨다.	
효과	1. 신체운동을 통해 대근육이 발달된다. 2. 놀이 규칙을 지키며 협동심을 기를 수 있다.	1. 저하된 신체기능을 증진시킬 수 있다. 2. 옛 놀이로 삶의 활력소를 느낄 수 있다.	
준비물	MR(여우야 여우야 뭐하니, 우리 집에 왜 왔니?, 대문 놀이)		
지도 방법	1. 노래익히기 (여우야 여우야 뭐하니, 우리 집에 왜 왔니) 2. 대문 놀이 양 팀으로 나눠 놀이를 진행한다. - 여우야 여우야 뭐하니(새로운 방식) 여우가 여러 명이고, 여우가 아닌 단 한 사람이 노래를 부른다. 여러 명의 여우 속에 단 한 사람이 진짜 여우이고, 술래가 이를 찾아야 한다. (놀이 시작 전 여우를 정한다) 노래 한 소절 마다 여우에 대해 질문을 하고 이에 힌트를 답한다. (돌아가면서 답함) * 여우야 여우야 뭐 입었니? - 빨간옷~ 여우야 여우야 남자니? - 여자다~ 여우야 여우야~ 긴머리~니? - 아니다~ 너~지 맞~지? - 그래. 여우다~ or 아니다. 마지막에 술래가 진짜 여우를 찾으면 여우가 술래가 된다.	1. 노래익히기 (여우야 여우야 뭐하니, 우리 집에 왜 왔니) 2. 대문 놀이 팀을 나누기보다 다 같이 놀이하는 방식으로 진행된다. - 여우야 여우야 뭐하니 (이야기를 나누는 방식으로 둥글게 앉는다) 00아 00아 뭐 먹고싶니? - 비빔밥~ **아 **아 뭐 보고싶니? - 드라마~ ##아 ##아 몇 살이니~? - 나도 몰라~ - 우리 집에 왜 왔니 제한 시간 안에 많은 인원의 팀이 이기는 놀이이다. * 변형 : 여자가 많은 팀이 이김. 키가 큰 사람이 많은 팀이 이김 (변형 방식에서 다양한 승리의 조건을 제시한다)	

	찾지 못할 경우 다수의 여우들이 술래를 잡아먹는 시늉을 하며 놀이가 끝난다. - 우리 집에 왜 왔니 　제한 시간 안에 많은 인원의 팀이 이기는 놀이이다. ＊변형 : 여자가 많은 팀이 이김. 키가 큰사람이 많은 팀이 이김 　(변형 방식에서 다양한 승리의 조건을 제시한다) - 대문놀이 　2명의 문지기를 시작으로 점차 술래를 늘려 간다. 문지기가 늘어날수록 잡히는 사람의 수도 늘어나는 재미가 있다.	- 대문놀이 　2명의 문지기를 시작으로 점차 술래를 늘려 간다. 문지기가 늘어날수록 잡히는 사람의 수도 늘어나는 재미가 있다. ＊'우리 집에 왜 왔니'와 '대문놀이'의 경우 어르신들의 거동 상태에 따라 진행한다.
강의 후기	신체활동을 통해 대근육을 발달시키는 유익한 시간이었다.	어르신들의 신체 상태에 따른 다양한 놀이 방법을 개발해야겠다.

3) 놀이지도 방법 양식

놀이지도방법	
대상	
대단원	
소단원	
목표	
효과	
준비물	
지도 방법	

지도 방법	
강의 후기	

※ 참고문헌 Chat GPT

창의력을 키우는 전래놀이 따라하기

인쇄 : 2025년 06월 09일
출판일 : 2025년 06월 16일
기획 : (주)늘푸른문화나무
글 : 김경숙, 우현미, 추연래
편집디자인 : 나루코(주)
펴낸곳 : (주)늘푸른문화나무
주소 : 경기도 고양시 일산서구 가좌로50번길 11-32
전화 : 031-916-2066
홈페이지 : www.munhwanamu.com

정가 : 20,000원
ISBN 979-11-993028-0-8